Busch singt

Busch singt

Konrad Wolfs letzter Film
Die DEFA-Kinofassung auf DVD
Mit Material zum Projekt

Herausgegeben von:
DEFA-Stiftung
Ernst Busch-Gesellschaft e. V.
Friedrich-Wolf-Gesellschaft e. V.

edition bodoni

Gefördert durch den Brandenburgischen Literaturrat aus Mitteln des Ministeriums für Wissenschaft, Forschung und Kultur des Landes Brandenburg.

BRANDENBURGISCHER LITERATURRAT

LAND BRANDENBURG
Ministerium für Wissenschaft, Forschung und Kultur

Für das Lektorat danken wir Michael Rieger sowie Frank Jahnel, Thomas Naumann und Carola Schramm.

Herausgeber

DEFA-Stiftung

Sitz: Berlin
Vorstand: Stefanie Eckert
www.defa-stiftung.de

Ernst Busch-Gesellschaft e. V.

Sitz: Berlin
Vorstand: Dr. Carola Schramm und Peter Schwoch (Präsidium)
www.ernst-busch.org

Ernst Busch-Gesellschaft e.V.

Friedrich-Wolf-Gesellschaft e. V.

Sitz: Oranienburg OT Lehnitz
Vorstand:
Prof. Dr. Thomas Naumann (Vorsitzender)
Frank Jahnel (stellv. Vorsitzender)
www.friedrichwolf.de

Friedrich-Wolf-Gesellschaft e. V.

Impressum

Gesamtherstellung: Marc Johne, typowerk.net

ISBN 978-3-947913-44-2

Inhalt

Vorwort

Es muss 1992 gewesen sein. Kurz nach der sogenannten „Wende“ 1990 waren in jenem Landstrich, der nun „der Osten“ hieß, der MDR und der ORB gegründet worden, und irgendwann spät in der Nacht liefen auf dem einen oder dem anderen Sender, ich weiß es nicht mehr, Woche für Woche sechs Teile einer merkwürdigen Serie mit dem wenig reißerischen Titel *Busch singt.* Nun, Ernst Busch, so viel wusste ich, war ebenso Schulstoff in der DDR gewesen wie Anna Seghers oder Johannes R. Becher, und der Regisseur Konrad Wolf war mir durchaus ein Begriff. Anlass genug also, sich des Nachts hinzusetzen und sich das einmal näher anzusehen.

Seither haben mich die Filme Konrad Wolfs und die Lieder Ernst Buschs begleitet, und so ging und geht es vielen in Ost und West, doch war es offensichtlich unmöglich, diese alte „Serie“, diese vielleicht nicht unbedingt sehr publikumswirksame TV-Produktion *Busch singt* nochmals zu sehen. Sie war wie vom Erdboden verschluckt.

Auch im März 2021 hatte sich daran noch nichts geändert – 40 Jahre nach der Produktion und rund 30 Jahre nach der Ausstrahlung im neuen gesamtdeutschen Fernsehen lag diese Dokumentation noch immer nicht vor, während doch alle anderen Spielfilme Konrad Wolfs längst auf DVD im Handel zu bekommen waren. Warum fehlte ausgerechnet *Busch singt?* Wer immer diese Frage stellte, erhielt eine diffuse Antwort. Ach, es gäbe da komplizierte, unentwirrbare rechtliche Probleme ... Seither sind wieder drei Jahre ins Land gegangen. Aber – nun endlich halten Sie *Busch singt* in Händen!

Blenden wir noch ein wenig weiter zurück. Busch singt: In den Jahren von 1964 bis 1974 hatte der Sänger Ernst Busch das Projekt einer „Chronik in Liedern, Kantaten und Balladen aus der ersten Hälfte des 20. Jahrhunderts“ realisiert: Insgesamt wurden im Rahmen dieser Audio-Zeitchronik 226 Titel von Busch aufgenommen (und das Label, das Busch dafür ins Leben gerufen hatte, trug den Namen *Aurora*). Dank der Initiative des Barbarossa-Musikverlages liegen fast alle dieser Titel heute auf insgesamt 10 CDs vor. Und dann *Busch singt*: Konrad Wolfs Filmprojekt trägt nicht zufällig den Untertitel „Sechs Filme über die erste Hälfte des 20. Jahrhunderts". Dieser Anklang deutet schon darauf hin, dass der Regisseur dem mit ihm seit langem befreundeten Sänger ein Denkmal setzen und auch dessen Chronik zugleich ein komplementäres Werk an die Seite stellen wollte. Entstanden ist damit eins der bemerkenswertesten Filmprojekte der DDR-Kulturgeschichte. Zwar schien Wolfs Film-Chronik in der Abstellkammer der Geschichte zu verstauben. Aber – was lange währt, wird endlich gut.

Ja. Mit einer Einschränkung. Aufgrund der zahlreichen Abbildungen, Filmausschnitte und Musikstücke, die für diese große Collage Verwendung fanden, ist es eine Herkulesaufgabe herauszufinden, wer genau welche Rechte haben dürfte. Daher bleibt *Busch singt* vorerst in seiner eigentlichen Form als sechsteilige, sechsstündige Fernsehproduktion unveröffentlicht. Angesichts dieser Situation war aber doch eines zu erreichen: die Veröffentlichung der zweiteiligen und zweistündigen Kinofassung von *Busch singt*.

Aus dem Impuls heraus, diese so lange klaffende Lücke in der kollektiven Erinnerung zu schließen, war schnell der Kontakt zu Carola Schramm von der Ernst Busch-Gesellschaft hergestellt. Im nächsten Schritt stellten wir beide den Kontakt zu Thomas Naumann her, dem Vorsitzenden der Friedrich-Wolf-Gesellschaft; damit wurde unser Vorhaben nun von zwei Schultern getragen. Ausschlaggebend war schließlich, nach vielen E-Mails und Telefonaten, ein Hinweis des mittlerweile verstorbenen Filmhistorikers Ralf Schenk (1956–2022). Dank seines Wissens um die komplizierte Sachlage ist es uns gelungen, die DEFA-Stiftung für die Veröffentlichung der Kinofassung von *Busch singt* zu gewinnen. Diese Fassung umfasst den dritten und den fünften Teil des umfangreicheren

TV-Originals. Es sind jene Teile, die Konrad Wolf persönlich als Regisseur verantwortet hat.

Wenn nun diese „reduzierte“ Fassung heute vorliegt, mag dies manchen als unzureichender Kompromiss erscheinen. Aber es bleibt einer historisch-kritischen Edition der Arbeiten Konrad Wolfs, des *spiritus rector* des Projekts, vorbehalten, die vollständige „Urfassung“ zu einem späteren Zeitpunkt zu veröffentlichen. Gleichwohl ist die jetzt vorliegende Edition ein Erfolg, zumal sie sowohl in der Person von Busch als auch in der Person von Wolf dem Zeitgeist so ganz und gar entgegensteht. Endlich liegt *Busch singt* vor. Wir hoffen sehr, dass mit der Veröffentlichung dieses seltenen Opus Magnum der politischen Dokumentation zumindest nach den Kriterien des Machbaren eine empfindliche kulturgeschichtliche Lücke geschlossen werden konnte und somit auch das Interesse an beiden Protagonisten, an Busch und Wolf, wiederbelebt wird.

Die DEFA-Stiftung hat die Veröffentlichung des Films im Rahmen einer wissenschaftlichen Publikation ermöglicht. Der Film wird damit eingebettet in ein Textgefüge, in drei Originalbeiträge, die sich dem Werk *Busch singt* aus unterschiedlichen Perspektiven nähern. Für diese Beiträge konnten wir Experten gewinnen, die sich, ohne einen Moment zu zögern, dem Vorhaben mit Leidenschaft zur Verfügung gestellt haben. Diese sind Jürgen Schebera, versierter Musikhistoriker und Eisler-Experte, der sich intensiv mit Busch beschäftigt hat, die Regisseurin Carmen Bärwaldt, die 1980-82 selbst zum Produktionsteam von *Busch singt* gehörte, und Hans-Eckardt Wenzel, der Ausnahme-Sänger und -Musiker, der seit seiner Veröffentlichung mit Antje Vollmer *Konrad Wolf – Chronist im Jahrhundert der Extreme* (2019) fraglos zu den Konrad-Wolf-Experten schlechthin zählt. Ihren Beiträgen ist es zu danken, dass der Film nun wieder das Licht der Welt erblickt.

So kommt das Historische, das Zerkratzte und Lädierte zusammen mit den aktuellen Perspektiven. Mit dem Schatz der Erfahrungen gelebter Leben. Mit Lücken und Widersprüchen. Mit den Aspekten, die nur aus einer ganz anderen Zeit, aus einer ganz anderen Gesellschaft stammen können. So tritt das aktuelle Deutschland, das Post-1989-Deutschland, noch einmal in einen Dialog mit der DDR. Mit ihrem besseren Erbteil. Und erben will gelernt sein.

Michael Rieger

Das Jahr 1935 oder: „Sie ist falsch eingestellt, die deutsche Weiche“

von Jürgen Schebera

Nach Befreiung der Häftlinge des Zuchthauses Brandenburg durch die Rote Armee am 27. April 1945 war Ernst Busch wenige Tage später nach Berlin gelangt und hatte nicht nur sein 1933 verlassenes Domizil am Laubenheimer Platz einigermaßen bewohnbar vorgefunden, sondern dort auch Eva Busch[1] angetroffen. Schon sechs Wochen später, am 13. Juni 1945, saßen beide im Haus des Berliner Rundfunks in der Masurenallee vor dem Mikrofon und berichteten in der Sendung *Im Studio: Ernst und Eva Busch* mit Wort und Gesang von ihrem antifaschistischen Engagement in den zurückliegenden Jahren. Die Bandaufnahme blieb erhalten, Konrad Wolf hat Ausschnitte davon in Teil 3 des Busch-Filmzyklus (*1935 oder das Faß der Pandora*) verwendet, wir kommen darauf zurück.

Nicht mehr im Film zu hören, kündigte Busch am Ende der Sendung an: „Zum Schluss will ich einen Vers singen, den ich schon 1935 in Strasbourg vorgetragen habe, beim Internationalen Arbeitersängerfest.“ Und er stimmte den von ihm geschriebenen neuen Text für das Lied *Es ist ein langer Weg zum dritten Reiche* von Ende 1932 an:

„Sie ist falsch eingestellt, die deutsche Weiche
Es sollt nach links gehn, als die Fahrt begann.
So kommt im Umweg über Hitlers Leiche
Der rote Zug erst mit Verspätung an.“

Zu der Pandora aus dem Filmtitel später, jetzt erst einmal zum Jahr 1935. „Ein scheinbar normales, unauffälliges Jahr in Deutschland“, heißt es eingangs im Film. Und weiter: „Sie sehen Wochenschau- und Filmzitate aus diesem Jahr.“ Das ist die optische Ebene, und zwar in Bildern, die bei fast allen deutschen Sujets von Nazioperateuren gedreht sind. Zu sehen ist dabei an vielen Stellen eine Menge bis Masse offenbar zufriedener, fröhlicher und auch jubelnder Deutscher, die offenbar in den ersten drei Jahren des NS-Regimes noch keineswegs gemerkt haben, dass „die deutsche Weiche" falsch – also nach ultrarechts, in Richtung Krieg – eingestellt war; die den Führer und seine Inszenierungen der Masse feiern; die die permanent steigende Rüstungsproduktion und die Aufstockung des Militärs nicht sehen oder an Bord von KdF-Schiffen vergessen. Dazu Hakenkreuzfahnen allüberall.

Dieses Filmmaterial entweder zu kommentieren oder entschieden zu kontern, übernimmt nunmehr die musikalische Ebene, sprich: Ernst Busch mit dem Vortrag von Liedern, entstanden zu verschiedenen Zeiten der ersten Hälfte des 20. Jahrhunderts. Im hier auf DVD vorliegenden dritten Teil des Zyklus sind es insgesamt 18 Lieder, die entweder komplett oder in Ausschnitten erklingen, hinzu kommen mehrere gesprochene Auszüge aus Brecht-Gedichten.

Nachfolgend einige Bemerkungen zu den Liedern sowie zur gelungenen, in mehreren Fällen meisterlichen Montage von Musik und Bild:

Als quasi optische Ouvertüre kommt zunächst Busch groß ins Bild, Aufnahme aus den 1960er Jahren, Baskenmütze, Rollkragenpullover, wache Augen, leises ironisches Lächeln im Gesicht, blickt er die Betrachter direkt an, dazu seine Stimme aus dem Off: „Ich habe, ohne Spaß, Fettmangel, Wanzen, Frost und Ischias – und Polizeischikanen überdauert." Schnitt.

Danach leitet ein Violinsolo über zu einer längeren Sequenz mit Arbeitern während einer Pause unter freiem Himmel, Zigaretten im Mundwinkel, Seemannsmützen auf dem Kopf, beim Mittag aus der Brotbüchse, beim Kartenspiel – an Buschs Kindheit und Jugend in Kiel wird erinnert, wenn er dazu plattdeutsch das im Norden bis heute volksliedhafte *Min Jehann* (mit dem Text von Klaus Groth) aus der Mitte des 19. Jahrhunderts singt: „Ik wull, wi weern noch kleen, Jehann / do weer de Welt so groot ..." Die Schellack-Aufnahme entstand 1932 für das Label *Gloria*, ein leiser, lyrischer, zu Herzen gehender Busch, jede einzelne Silbe klar verständlich. (Von seinem Freund Grigori Schneerson stammt die Feststellung, Ernst könne nicht nur Wörter und Silben, sondern auch einzelne Vokale und sogar Konsonanten artikulieren.) Schnitt.

Weiter geht's: Aufnahmen vom Zeppelin-Flug über Berlin und Köln, Fallschirmspringer starten aus einer Luke, unten überall eine jubelnde Menschenmenge. Dazu singt Busch eine Vertonung des bekannten Erich-Kästner-Gedichts *Kennst du das Land, wo die Kanonen blühn* von 1927, mit den prophetischen Schlusszeilen „Was man auch baut, es werden stets Kasernen. / Du kennst es nicht? Du wirst es kennenlernen!" Als er in den 1960er Jahren eine Kästner-Mappe für seine *Aurora*-Produktion plante, existierte noch keine Vertonung des Textes. Da er gerade wieder Kontakt mit einem alten Kameraden, dem Pianisten und Unterhaltungsmusiker Günter Freundlich, gefunden hatte, mit dem er ab 1939 in den französischen Internierungslagern St.-Cyprien und Gurs gelebt und gearbeitet hatte, bat Busch diesen um die Kästner-Vertonung, die dann bei *Aurora* 1969 erschien. Schnitt.

Ein Montagehöhepunkt folgt: Dokumentaraufnahme 1935, von einem der Knaben angesagt: „Der Berliner Mozartchor singt jetzt *Steckenpferd*." Beginn des Chorgesangs, Bild läuft weiter, der Ton bricht unvermittelt ab und wechselt zu Brechts akzentuiertem Vortrag seines Gedichts *An die Nachgeborenen*, entstanden 1934–38 im dänischen Exil. Was für eine Antithese! Auf der Leinwand singende Kindergesichter, jubelnde Menschenmengen, die nichts vom Kommenden zu ahnen scheinen, wehende Nazifahnen 1935 – von der Tonspur Brechts bayerisch-lakonische Stimme mit der mehrfach wiederkehrenden Zeile „Wirklich, ich lebe in finsteren Zeiten". Schnitt.

Meisterliche Montage auch bei der folgenden längeren Sequenz von Görings Trauung mit der zweitklassigen Weimarer Schauspielerin Emmy Sonnemann im Berliner Dom, 10. April 1935. Wenn die Bilder mit der im Lustgarten und um den Dom versammelten Menschenmenge beginnen, setzt Busch mit Brecht/Eislers 1943 in Kalifornien entstandenem *Kälbermarsch* ein (später 1957 in die Bühnenmusik zu *Schweyk im zweiten Weltkrieg* aufgenommen) und singt zur im Refrain travestierten Melodie des *Horst-Wessel-Lieds*: „Hinter der Trommel her / Trotten die Kälber / Das Fell für die Trommel / Liefern sie selber. / (Refrain:) Der Metzger ruft. Die Augen fest geschlossen / Das Kalb marschiert mit ruhig festem Tritt (…)"

Zu den Zeilen „Sie tragen ein Kreuz voran / Auf blutroten Flaggen / Das hat für den armen Mann / Einen großen Haken" wird eine 1934 in der *Arbeiter-Illustrierte-Zeitung* (AIZ), nunmehr im Prager Exil erscheinend, gedruckte Fotomontage von John Heartfield eingeblendet: vier bluttropfende Henkerbeile, mit Stricken zum Kreuz gebunden, darunter die Textzeilen: „Der alte Wahlspruch im ‚neuen' Reich / BLUT UND EISEN". Wobei es sich hier um eine Referenz an die von Bismarck 1871 geprägte, mythisch aufgeladene Formel zur Gründung des Deutschen Kaiserreichs handelt. Brecht über Heartfield, 1951: „Die Blätter dieses großen Satirikers werden von vielen, darunter dem Verfasser dieser Zeilen, für klassisch gehalten."[2] Konrad Wolf 1969: „Das fotografische Abbild der Menschen und ihrer Umwelt war für den Künstler Heartfield das Rohmaterial, das Mittel zum Zweck, aus dem er seine unvergesslichen Werke schuf."[3]

Weiter analog zu den Bildern, jetzt eine Gruppe hoher Militärs beim Hitlergruß: „Sie heben die Hände hoch / Sie zeigen sie her. / Sie sind schon blutgefleckt / Und sind noch leer." Die Montage erlebt ihren zweiten Höhepunkt, wenn die Kolonne der Limousinen am Dom vorfährt und Busch, während die Nazigranden eintreffen und Richtung Dom schreiten, zu singen beginnt: „Wir sind die Moorsoldaten und ziehen mit dem Spaten ins Moor …" (Aufnahme gemeinsam mit Eva Busch, aus der eingangs geschilderten Rundfunksendung von 1945). Danach trifft Trauzeuge Hitler ein und wird am Kircheneingang von drei Domgeistlichen mit Nazigruß willkommen geheißen.

Dazu der Komponist Reiner Bredemeyer, im Leitungsteam des Projekts für das Musikalische zuständig: „Es war eine Entdeckung von Koni Wolf, der das *Moorsoldatenlied* mit einem grotesk wirkenden Dokumentarstreifen der Nazis von Görings Hochzeit zusammenbrachte." Und weiter: „Es zeigte sich bald [bereits bei den ersten Probevorführungen], dass hier die Interpretation von Busch im Vordergrund steht, der Zuschauer zum Hören gezwungen wird durch den Gesang. Und dies alles ermöglichte erst die Sache. Busch steht selbst dann im Vordergrund, wenn er nicht im Bild ist."[4] Schnitt.

Kurz darauf Berliner Alltagsbilder von 1935, Rotes Rathaus, Einkaufsstraßen, nächtliche Leuchtreklamen, Schiffsverkehr auf der Spree – kommentiert durch einen weiteren Ausschnitt aus der Rundfunksendung mit Ernst und Eva Busch, die Mackies und Pollys *Abschiedslied* aus der *Dreigroschenoper* anstimmen. Als würde sie die laufenden Bilder sehen können, beginnt Eva: „Hübsch als es währte / Doch nun ist's vorüber / Reiß aus dein Herz / Sag good bye, mein Lieber …" und Ernst schließt mit „Die Liebe dauert oder dauert nicht / an dem oder jenem Ort". Schnitt.

Sodann der Wolf im Schafspelz, Hitler im Frack beim Empfang des Diplomatischen Corps und bei einem Zusammentreffen mit führenden Wirtschaftsvertretern. Dazu singt Busch das Tucholsky-Lied *Rosen auf den Weg gestreut*, Text von 1931, vertont von Hanns Eisler 1959. Mit beißender Ironie zelebriert der Sänger die ersten Strophen „Ihr müsst sie lieb und nett behandeln, / Erschreckt sie nicht, sie sind so zart! (…)", um dann in aggressivem Ton zu enden: „Und spürt ihr auch in eurem Bauch tief bis zum Heft / den Hitler-Dolch, küßt die Faschisten / Küßt die Faschisten, wo ihr sie trefft!"

Noch einmal Bredemeyer: „Was wäre, wenn man nicht diese wunderbaren Lieder von Eisler hätte? Die meisten Lieder, die Busch gesungen hat, das ist eben die Musik Eislers. Sie sind von so großer Kraft, wie auch die Texte."[5] Und Erwin Burkert, Regisseur des vierten Teils von *Busch singt*: „Der Eisler hat Glück gehabt mit dem Busch. Der Busch hat Glück gehabt mit dem Eisler. (...) Auch wir, die wir die Filme gemacht haben, hatten natürlich Glück mit dem singenden Herz der deutschen Arbeiterklasse."[6] Schnitt.

Es folgt die längere Sequenz einer Nazi-Massenkundgebung, Anfahrt des Führers, Hitler-Ansprache. Unterlegt mit dem bekannten, vom NS-Regime missbrauchten Orchestermotiv aus Liszts *Les Préludes*, spricht Busch dazu Ausschnitte aus Brechts 1947 in Kalifornien entstandenem Gedicht *Der anachronistische Zug oder Freiheit und Democracy.* Er spricht sie eigentlich nicht, sondern schmettert sie wie ein Fanal in den Raum. Wenn Hitler durch ein Spalier jubelnder Menschen fährt, erzeugt Buschs „Knochenhand am Peitschenknauf / Fährt die Unterdrückung auf" Beklemmung. Etwas später zeigt die Kamera Hitler in Großaufnahme im offenen Mercedes, dazu donnert Busch die Zeilen „Hängend überm Wagenbord / Mit dem Arm, fährt vor der Mord. / Wohlig räkelt sich das Vieh / Singt: Sweet dream of liberty". Schnitt.

Dann kommt, nach einem Marinemanöver auf offener See, Hamburg in den Film, Bilder vom Hafen, Schiffe der Kriegsmarine beim Einlaufen, beflaggt mit Hakenkreuzwimpeln, die Matrosen in Habt-Acht-Stellung an der Reling, am Kai wieder eine begeistert winkende und fähnchenschwenkende Menschenmenge. Dazu erklingt, in einer Aufnahme von 1932, ein Seemannslied von Buschs altem Berliner Freund Walter Mehring, *In Hamburg an der Elbe.* Er singt das ganz ohne Abgleiten in Matrosenromantik, wenn es etwa heißt: „Wir haben die ganze Welt gesehn / Die Welt ist überall rund. (...) Die Welt ist rund und klein! / Was kann sie dem Seemann noch sein? / (Refrain:) In Hamburg an der Elbe / Gleich hinter dem Ozean / Ein Mädel von Sankt Pauli / Von Sankt Pauli und von der Reeperbahn." Die Gefahr aufkommender Rührseligkeit wird schlagartig gekontert mit einem Porträt des 1935 wegen an-

Gratulation bei Ernst Busch zu seinem 75. Geburtstag am 22. Januar 1975, Ernst Busch und Konrad Wolf.

Foto: Christian Kraushaar

geblichen Hochverrats hingerichteten Hamburger Hafenarbeiters Fiete Schulze. Dann erscheint eine Totenmaske im Bild, daneben der Bildhauer Fritz Cremer, 1979 in seinem Atelier. Die Kamera schwenkt entlang einer Wand, an der eine ganze Reihe solcher Totenmasken zu sehen ist, in Nazi-Zuchthäusern ermordeten Widerstandskämpfern abgenommen. Cremer dazu: „Solange ich lebe, werde ich diese Masken betrachten als etwas – ja, das ist ein großes Wort – Heiliges, das ich brauche in meinem Atelier." Ein großer Moment auch des Films. Schnitt.

Während Busch das *Lob der Illegalen* anstimmt (Text: Günther Weisenborn, Musik: Hanns Eisler; entstanden 1961 für eine Inszenierung von Weisenborns Stück *Die Illegalen* in den Kammerspielen des Deutschen Theaters, aufgenommen von Ernst Busch und im Theater vom Band eingespielt), laufen Bilder aus Munitionsfabriken, aus Werften und Waffenschmieden, im Zentrum jetzt nicht nur Maschinen, sondern ebenso die Arbeiter, schaffend, schwer schuftend, aber auch diskutierend. Dazu singt Busch: „Ein Flugblatt geht von Hand zu Hand / Die es erdacht, gedruckt, geklebt / Die haben unter Euch gelebt / Und rufen auf zum Widerstand. / (Refrain:) Kämpft mit uns Illegalen / Denn Gottes Mühlen mahlen / Zu langsam ohne uns. / Wir sind die Illegalen." Schnitt.

Die nächste Sequenz zeigt Nazis in höheren und niederen Rängen, denen Busch ein Eislersches Tucholsky-Lied ins Stammbuch schreibt, *Die Mäuler auf* (Text 1930, Komposition 1959): „Heilgebrüll und völksche Heilung. / Schnittig, zackig, forsch und päng! / Staffelführer, Sturmabteilung, Blechkapelle, schnädderädäng! / Judenfresser, Straßenmeute … / Kleine Leute, kleine Leute. / Bleiben gestern, morgen, heute / Kleine Leute, kleine Leute!" Schnitt.

Es folgt ein Wochenschau-Take von 1935 „Der Führer bei der Jugend", Hitler zu Beginn bei einer Ansprache (mit seiner bekannten Wunsch-Trias, die deutsche Jugend müsse sein „flink wie Windhunde, zäh wie Leder, hart wie Kruppstahl"). Hier wird nicht mit einem Lied gekontert, sondern Busch spricht während der folgenden stummgeschalteten Bilder Verse aus Brechts 1934 in Dänemark entstandenem Gedicht *Die Jugend und das dritte Reich*: „Das Regime behauptet, die Jugend / Sei schon gewonnen für das Dritte Reich. / Das bedeute, in zehn, zwanzig Jahren / Werde das ganze Volk nur noch / Aus Anhängern des Regimes bestehen. | Welch kindlicher Rechenfehler! (...) / Wenn das Regime händereibend von der Jugend spricht / Gleicht es einem Mann, der / Die beschneite Halde betrachtend, sich die Hände reibt und sagt: / Wie werde ich es im Sommer kühl haben mit / Soviel Schnee." Schnitt.

Für den 1933 verhafteten und seitdem in Berlin-Moabit einsitzenden KPD-Vorsitzenden Ernst Thälmann hatte sich eine breite europäische Bewegung formiert, die seine Freilassung aus der Nazihaft forderte. 1934 war dazu das Lied *Für den Kameraden Thälmann, hoch die Faust!* entstanden (Text: Erich Weinert, Musik: Paul Arma). Busch hat es 1936 in Moskau für die Schellackplatte eingespielt, die folgenden Bilder von Protestkundgebungen und -märschen werden von dieser Aufnahme kommentiert, mit der Schlussstrophe „Dimitroff haben wir befreit / Weil wir die Welt entflammten. / Drum wieder in die Ohren schreit / Den Henkern, den verdammten: / Die Welt ist wach, Empörung braust: / Für den Kameraden Thälmann, Hoch die Faust!" Schnitt.

Der bulgarische Kommunist Georgi Dimitroff war Ende 1933 Mitangeklagter beim sogenannten Reichstagsbrandprozess in Leipzig gewesen, wo er sich ein legendäres Rededuell mit dem als Zeugen geladenen Göring geliefert hatte und am Ende mangels Beweisen sowie unter dem Druck internationalen Protests freigesprochen werden musste. Es ist Dimitroff in Großaufnahme, mit dem die folgende längere Sequenz vom ersten Tag des VII. Weltkongresses der Kommunistischen Internationale (Komintern) am 25. Juli 1935 in Moskau beginnt. Die Kamera zeigt ihn, im offenen Hemd, beim Hauptreferat der Tagung (mit Verkündung des [endlichen, aber viel zu späten!] Kurswechsels der Kommunisten hin zu einer Einheitsfront aller antifaschistischen Kräfte). Auch hier bricht die Regie den Originalton ab, zu den jetzt stummen Dimitroff-Bildern singt Ernst Busch das Ende 1934 in London von Eisler und Brecht für den operativen Gebrauch geschaffene, sofort eingängige *Einheitsfrontlied* („Und weil der Prolet ein Prolet ist / Drum wird ihn kein anderer befrein ..."). Die Regie verwendet hier in Ausschnitten Buschs mehrsprachige Barcelona-Einspielung von Ende 1937, der Refrain mit den Schlusszeilen „Reih' dich ein in die Arbeitereinheitsfront, / Weil du auch ein Arbeiter bist" wird englisch und französisch wiederholt. Nach dem Lied erneut Sprachton Dimitroff, jetzt mit seinen abschließenden Sätzen. Danach erheben sich die Delegierten und stimmen, vielsprachig, die Internationale an. Man schaue in diese Gesichter, voller Glauben, voller Zuversicht, voller Hoffnung! Schnitt.

Wenige Monate später, im Oktober 1935, traf Ernst Busch auf Einladung des Internationalen Revolutionären Theaterbunds und dessen Präsidenten Erwin Piscator sowie nach vorherigem Kontakt mit dem Dichter Sergej Tretjakow (den er Ende 1930 in Berlin als begeisterten Besucher eines Busch/Eisler-Auftritts bei einer Kundgebung in der Hasenheide erstmals getroffen hatte) in Moskau ein, zu einem länger als ein Jahr währenden Besuch in der Sowjetunion. Der Augenzeuge Markus Wolf erinnert sich: „Ich erlebte Busch in Moskau. Er sang auf Veranstaltungen in Moskau und Leningrad, trat in Schulen und Fabriken auf, ging auf Tournee mit Erich Weinert bis in die Republik der Wolgadeutschen, machte Schallplattenaufnahmen, trat in zahlreichen Sendungen bei Radio Komintern in Moskau auf. Auch in unserer deutschen Karl-Liebknecht-Schule trat er auf. Die Begegnung mit uns Emigrantenkindern [darunter der damals 14-jährige Markus mit seinem 11-jährigen Bruder Konrad Wolf] muss ihn dazu angeregt haben, mit uns einen Chor zu bilden. Am 10. Dezember 1936 standen wir dann mit Ernst Busch auf der Bühne des berühmten Kolonnensaals im Moskauer Haus der Gewerkschaften.[7] Er hatte sich bemüht, uns seinen klaren Gesangsstil beizubringen, in dem von der Melodie kein Textwort verschluckt wird. Wieder und wieder mussten wir, manchmal auch einzelne von uns, den Refrain vortragen, während er mit der Hand am rechten Ohr lauschte oder, ungeduldig geworden, vorsang, wie er sich die Interpretation vorstellte. Busch sang in mehreren Sprachen, wir die Refrains in Deutsch oder Russisch."[8]

Busch vor den Mikros von Radio Komintern ist auch in der auf den Weltkongress folgenden kurzen Moskau-Sequenz zu sehen, ehe er das nächste Lied anstimmt und auf der Leinwand Ausschnitte aus dem sowjetischen Filmklassiker *Tschapajew* von 1934 erscheinen, Heldengeschichte vom Kampf einer Rotgardisten-Einheit im Bürgerkrieg gegen die Front der reaktionären Weißen. Busch singt dazu das Lied *Von Land zu Land,* ursprünglich aus einer 1934 in Leningrad uraufgeführten Oper nach Michail Scholochows Roman *Der stille Don* stammend und 1935, passend zum Helden-Film, von Isaak Dunajewski in entsprechende Form gebracht. Busch hat dieses Lied damals offenbar beeindruckt, die Noten hat er später 1949 in seinem Verlag *Lied der Zeit* in der Ausgabe *Lieder der UdSSR* veröffentlicht. 1966 sollte wohl eine Plattenaufnahme folgen, die jedoch über Testaufnahmen nicht hinausgelangte. Hier kann man die beiden Versuche nun ausschnittweise hören: den Anfang der ersten, russisch gesungenen Aufnahme От края до края, danach die deutsche Fassung: „Von Lande zu Lande / Von Meere zu Meere / Wir sind bereit zu tragen / Die Leiden, die Plagen / Bereit zu dem letzten Gefecht. / (Refrain:) Vorwärts, Gewehre, zum Kampf für das Volk / Zum Kampf für Freiheit und Recht." Schnitt.

Auf Moskau und *Tschapajew* folgt im Bild plötzlich die weithin sichtbare Kuppel der Potsdamer Nikolaikirche, dazu Buschs Liedansage *Gruß an die Mark Brandenburg aus der Ferne.* Wie bei *Von Land zu Land* ist auch dieses kaum bekannte Brandenburg-Lied nicht über Testaufnahmen hinausgelangt. Es hat eine interessante Entstehungsgeschichte: In Berlin vor 1933 gefragt als Texter für Schlager, Revue und Operette, mit dem Pseudonym David Weber auch Liedautor für Hanns Eisler (u. a. 1929 Rundfunkkantate *Tempo der Zeit,* 1930 *Stempellied*), war der linksdenkende deutsch-jüdische Lieddichter Robert Gilbert nach Hitlers Machtantritt zunächst nach Wien emigriert und schließlich 1938 nach New York gelangt, wo auch Eisler im gleichen Jahr ankam. Beide pflegten regelmäßigen Gedankenaustausch, als der Komponist 1942 an die Westküste, nach Hollywood, wechselte, nicht mehr im Gespräch, sondern in unregelmäßiger Korrespondenz. Gilbert schickte dabei auch neuentstandene antifaschistische Gedichte, darunter (wohl im Herbst/Winter 1944) *Gruß an die Mark Brandenburg.* Nach Kriegsende in Europa nahm Eisler dann 1946 Kontakt zu einigen alten, nach Berlin zurückgekehrten Freunden auf, darunter natürlich Ernst Busch. Im April des Jahres schreibt er: „Lieber Ernst: das ist ein Versuchsbrief, hoffentlich erreicht er Dich. Du kannst Dir kaum vorstellen, wie entzückt wir sind und begeistert, dass Du diese Zeit überlebt hast und dass Du in Berlin bist, Theater spielst und singst! (…) Ich habe, wie Du Dir denken kannst, ungeheuer viel gearbeitet auf allen möglichen musikalischen Gebieten und habe sehr viele Sachen für Dich."[9] Ein halbes Jahr später heißt es dann: „Lieber Ernst: Ich schicke Dir sechs Lieder, die ich Dir in alter Freundschaft gewidmet habe. (…) Am besten Du probierst die Sachen aus oder zeigst sie vorher einigen Freunden. (…) / Ausserordentlich herzlich Dein alter Hanns."[10] Die sechs Autographe, darunter *Gruß an die Mark Brandenburg,* sind im Busch-Archiv erhalten, alle tragen die handschriftliche Widmung „Für meinen Freund Ernst Busch".

Nach einer ersten Liebeserklärung an die Mark wechselt Gilberts Text in den Strophen 2 und 3 zur Lage im Land Ende 1944, wenn Busch singt: „Verscharre bald die wölfische / Heimsuchung, die Adölfische / In deinem dicksten Sand. / Und wenn sie wieder jarnischt sind / die Herrn, die heut jeharnischt sind / Dann leg se in Gelee. (…) / Und ich bin froh und ahne fern / dass ooch een Jraf von Habegern / der schlichten Fichte lauscht / die herrlich wie Herr Liliencron / mit allen Utensilien von / Märkischer Freiheit – Freiheit – Märkischer Freiheit rauscht."

Das Lied wird nur zu Beginn mit Brandenburg-Bildern von 1935 illustriert, zu den beiden hier in Auszügen zitierten Strophen sieht man dann zunächst in Potsdam exerzierende Rekruten und marschierende Soldaten, gefolgt von einer längeren Sequenz mit einer anmutigen Frauen-Gymnastikgruppe, die sich lachend im Kreis Bälle zuwirft (der Sinn dieses Materials erschließt sich mir nicht; einzige kritische Bemerkung zu einer Montageszene des Films). Dann kommt ein Ausschnitt aus dem ebenfalls 1935 produzierten Propagandastreifen *Ein Film von der neuen Deutschen Wehrmacht*:

Entlang einer märkischen Allee marschieren im Gleichschritt junge Soldaten mit geschultertem Gewehr, Stahlhelm am Koppel, mit fröhlichen, nichts Schlimmes ahnenden Gesichtern – und dann plötzlich gekontert mit späteren Bildern ebendieser Wehrmacht beim Untergang im Schneesturm vor Stalingrad. Stark. Schnitt.

Zu einer Postkarte aus Brandenburg an der Havel und einem Standfoto des dortigen Zuchthauses, in dem Busch von März 1944 bis zur Befreiung Ende April 1945 einsaß, beginnt der Sänger mit dem Brecht/Eisler-Lied *Im Gefängnis zu singen* aus der 1931/32 entstandenen Bühnenmusik zur Gorki-Dramatisierung *Die Mutter*: „Sie haben Gesetzbücher und Verordnungen / Sie haben Gefängnisse und Festungen …" Die Bilder wechseln, Hitler bei der Abnahme neuer Aufklärungsflugzeuge, danach ein Großmanöver der Wehrmacht mit Panzern und Bombern, die dafür errichteten Häuserkulissen stürzen brennend ein. Und Busch singt die dritte Strophe: „Sie haben Tanks und Kanonen / Maschinengewehre und Handgranaten (…) Ja, wozu denn?"

Die Frage wird von Regisseur Konrad Wolf mit einer zweiten eingeblendeten Heartfield-Fotomontage aus der Prager *AIZ* von Ende Februar 1935 kommentiert, zur Montage Filmbild und Lied nun also eine weitere Montage, Foto und Text: Göring in Marschallsuniform, mit einer brennenden Fackel in der ausgestreckten rechten Hand, unter einem Erdball. Obere Textzeile: „Das Spiel der Nazis mit dem Feuer", unter der Göring-Figur „Wenn die Welt erst einmal brennt, werden wir schon beweisen, daß Moskau der Brandstifter war." An dieser Stelle sei ein Text des emigrierten deutschen Kunsthistorikers Paul Westheim wiedergegeben, gleichfalls von 1935, erschienen im antifaschistischen *Pariser Tageblatt* und die Kunst des Fotomonteurs beschreibend: „Heartfield gruppiert, er kombiniert, er montiert, bis jene Fassadenherrlichkeit, die Hitler und die Seinen aufgebaut haben, um ein großes Volk zu verblenden, dasteht als das, was sie in Wirklichkeit ist: als Massenbetrug und Massenschwindel, welcher Freiheitsbewegung, deutscher Sozialismus, Friede sagt und Knechtung, kapitalistische Ausbeutung, Krieg und eroberungslüsterne Hasardpolitik meint."[11]

Danach folgt im Film der Refrain: „Sie glauben, da muss doch ein Halt sein / Der sie, die Stürzenden stützt. / Eines Tages, und das wird bald sein / Werden sie sehen, dass ihnen alles nichts nützt. / Und da können sie noch so laut ‚Halt!' schrein / Weil sie weder Geld noch Kanone mehr schützt!"

Etwas weiter dann, nach einer Dresden-Passage mit Bildern von 1935, gekontert mit Trümmeraufnahmen von 1945, noch einmal ein Insert mit Verweisen auf die neue Einheits- und Volksfrontorientierung der KPD. Dazu singt Busch die zweite Strophe des bis in die 1940er Jahre international weit verbreiteten Eislerschen *Kominternlieds* von 1929 im Original: „Wir haben die Besten zu Grabe getragen / Zerfetzt und zerschossen und blutig geschlagen. / Von Mördern umstellt und ins Zuchthaus gesteckt / Uns hat nicht das Wüten der Henker geschreckt." Da sich die Komintern 1943 aufgelöst hatte, das 1929 im Lied beschworene Ziel „Zum Sturm! Die Parole: Sowjetunion!" nicht länger postulierbar war, wurde das Lied ab 1949 in einer teilweisen Textneufassung von Stephan Hermlin (zwei Strophen) mit dem Titel *Lied der Werktätigen* weiter verbreitet[12] und gesungen. Die Aufnahme im Film stammt von 1957, den neu hinzugefügten Refrain „Brüder seid bereit! / Brüder, es ist Zeit! / Tragt die kampferprobte Fahne / Weiter jetzt" übernahm Eisler aus seiner Musik zur Schlussszene des 1942 in Hollywood entstandenen Fritz-Lang-Films *Hangmen Also Die!* über das Prager Attentat auf SS-Reichsstatthalter Heydrich. Dort wird das Stück (Originaltext: Sam Coslow) von tschechischen Hitlergegnern am Grab von erschossenen Widerstandskämpfern gesungen. Schnitt.

Es folgen Bilder vom Pariser Schriftstellerkongress zur Verteidigung der Kultur im Juni 1935, Anna Seghers, Johannes R. Becher, Klaus Mann, Bertolt Brecht. Danach wieder Berlin 1935, dieses Mal in Nachtaufnahmen. Dazu singt Busch nun aus Eislers Vertonung des Brecht-Jahrhundertgedichts *An die Nachgeborenen*: „In die

Städte kam ich zur Zeit der Unordnung / Als da Hunger herrschte. / Unter die Menschen kam ich zu der Zeit des Aufruhrs / Und ich empörte mich mit ihnen. / (Refrain:) So verging meine Zeit / Die auf Erden mir gegeben war.“ Schnitt.

Plötzlich bricht das Lied ab, schmeichelnde Violinen übernehmen im Walzertakt die musikalische Führung – hin zur für mich gelungensten Montage des Films. In der Irmgard Keun-Verfilmung *Eine von uns* hatte Busch 1932 die Rolle eines Freundes der Titelfigur Gilgi übernommen, der am Abend Klavier spielend und dazu singend in einem Lokal auftritt. Dafür hatten ihm die Schlagerkönige Fritz Rotter (Text) und Franz Grothe (Musik) zwei eingängige Nummern geschrieben. Eine davon, *Der erste Schritt vom rechten Weg ist stets ein Walzerschritt*, schien Konrad Wolf wie geschaffen für den konterkarierenden Einsatz. Und so kommt die Szene auch daher: Während Busch singt „Du fühlst nicht, wie langsam sich alles schon dreht / Wenn du's merkst, ist es längst schon zu spät …“, beginnt eine Wochenschau-Sequenz von Anfang 1935, getitelt „NS-Volkswohlfahrt / Winterhilfswerk 1934/35“. Knüppelholz wird geborgen, zerkleinert und dann in die Handwagen einer wartenden und frierenden Menschenschlange verteilt. Der Walzer geht weiter, das Bild wechselt zu einer neuen Sequenz „Ein froher Tanz im schönen Mai“. Und plötzlich sind wir in Bayern und sehen zur Walzermusik Lederhosen und Dirndl, sogar Schuhplattler. Busch singt weiter: „Ja, dieser Schritt ist wie ein Traum / Man fühlt ihn selber kaum / Denn die Liebe tanzt heimlich schon mit.“ In diesem Moment wechselt das Bild und in Großaufnahme erscheint das Gesicht des Propagandaministers Joseph Goebbels während einer Ansprache, zunächst en face, danach, sich gen rechts wendend, en profile, und dann das Ganze noch einmal. Am Schluss der rechte Arm sich zum Hitlergruß hebend und der weit geöffnete Mund das finale „Heil“ artikulierend. Freilich alles stumm, denn Busch singt seinen Walzer immer weiter: „Du fühlst nur eins: / Wie schrecklich gern man bald wieder geht / Den zweiten Schritt, den dritten Schritt / vom rechten Weg.“ Schnitt.

Dazu Bredemeyer: „Wenn der Goebbels am Schluss des Walzerlieds sich grotesk dreht und wenn er dann das Maul aufreißt zu seinem ‚Heil', das stumm bleibt, weil der Busch ja singt, so ist das schon meisterlich, ein Genuss."[13]

Bestechend dann auch das Finale, ganz der Gesamtidee des Films folgend: Im Bild Berliner Realität 1935, Aufnahmen von einem abendlichen Ball, gut situierte Eltern in Frack und Robe führen ihre nächste Generation aufs Parkett, während die Kamera die beiden Ufa-Schauspieler Hansi Knoteck und Hannes Stelzer streift und dann bei einer Gruppe scherzender und strahlender junger Mädchen anhält und sie einige Zeit beobachtet. Danach Wechsel ins Standbild. Die ganze fröhliche optische Ebene bleibt stumm, denn die musikalische Ebene liefert dem Zuschauer dazu die eindringliche Aufforderung zum Nachdenken, wenn Busch die Schlusszeilen des Brecht/Eisler-Lieds *O Fallada, die du hangest* (Text 1919, Vertonung Herbst 1932) singt: „Da fragte ich mich: Was für eine Kälte / Muß über die Leute gekommen sein! / Wer schlägt da so auf sie ein / Daß sie jetzt so durch und durch erkaltet? / So helft ihnen doch! Und tut es in Bälde! / Sonst geschieht euch etwas, das ihr nicht für möglich haltet!"

Dazu Ludwig Hoffmann: „Vom *Fallada-Lied* nehmen wir nur ein Fragment. Wir nehmen die Pferdegeschichte völlig weg und (...) hören mit dieser Frage auf. Sonst geschieht etwas, was ihr nicht für möglich haltet. Damit wird die Zeit ab 1935 völlig aufgetan in all dem Entsetzen, was dann kommen wird."[14]

Während des nun beginnenden Abspanns wird aus dem Off für alle Zuschauer (Kenner und Nichtkenner gleichermaßen) noch die Pandora-Geschichte in Kurzfassung erzählt:[15]

„Nach der griechischen Sage sandte uns Zeus die schöne Pandora auf die Erde, um die Menschen für den Feuerraub des Prometheus zu strafen. Sie brachte ein verschlossenes Gefäß mit. Im Fass der Pandora befanden sich alle Übel, die über die Sterblichen kommen können, und die Hoffnung auch. Als die Pandora ihr Fass geöffnet hatte, erfüllte das Elend, in jeglicher Gestalt, die Erde, die Lüfte und das Meer. Und der Tod, früher nur langsam die Sterblichen beschleichend, beflügelte seinen Schritt." Ende des Films.

Den Zyklus von sechs Filmen resümierend, sollen zunächst noch einmal drei der Macher zu Wort kommen.

Reiner Bredemeyer: „Die Offenheit, welche die hier gesungenen Lieder für uns immer noch haben, beweist – im Gegensatz zu den Nazidokumenten –, dass es sich um Dokumente eines wirklich aufklärerischen Mannes handelt, der, so merkwürdig das klingen mag, nach allem, was wir hier gehört haben, nie irgendwas wirklich Falsches gesungen hat. Das ist erstaunlich."

Ludwig Hoffmann: „Die Filme *Busch singt* hätten mit Busch überhaupt nicht gemacht werden können. Wer ihn aus seiner Arbeit an seinen Platten kennt, weiß, dass es ausgeschlossen gewesen wäre, mit Busch ein so kompliziertes Unternehmen zu beginnen – er hätte uns die Hälfte der Lieder technisch und einige auch inhaltlich gesperrt. Aber nicht nur das. Wir wären aus dem Ändern nicht herausgekommen und zu keinem Ende gelangt."

Erwin Burkert: „Er hat immer geändert – ohne Rücksicht auf Verluste. (...) 1977 sollte das neue Haus der Akademie eröffnet werden. Und am Anfang sollte das *Lied vom Klassenfeind* stehen. Und er sagte: ‚Das kann ich doch nicht machen, der Honecker kommt hin, und ich singe in den Saal hinein, singe Honecker an und sage: „Und du bist mein Klassenfeind!" Da lässt er mich doch von der Polizei abholen, das geht doch nicht ...' Also ist er zu einer grundsätzlichen Frage gekommen, wie dieses Lied hier benutzbar gemacht werden kann. Und er hat einige Varianten versucht. Die Pointe ist: er hat schließlich formuliert ‚und Klassenfeind bleibt Klassenfeind'. Er ist auf die Grundaussage des Liedes zurückgegangen."[16]

Im Folgenden wird (unter teilweiser Verwendung von Auszügen aus meinem Beitrag in der Film-Begleitpublikation von 1982[17]) der

Sänger Ernst Busch beschrieben und es wird den Gründen seiner Wirkung nachgegangen.

Haben wir konstatiert, dass ein Teil seiner Wirkung aus dem resultiert, *was* er singt, so ist entscheidend für die Faszination, *wie* er singt. Sein unvergleichlicher (in des Wortes wahrstem Sinn: mit keinem anderen vergleichbarer!) Gesang ist ein Stück Musikgeschichte des 20. Jahrhunderts, ein Höhepunkt proletarischer Kunst. Was lässt diese niemals durch ein Gesangsstudium trainierte Stimme so einzigartig werden? Am Anfang steht die künstlerische Grundhaltung. Sie ist revolutionär im höchsten Sinne. Der da singt, signalisiert der Vortrag, weiß wovon er singt. Aus eigener, oft bitterer Erfahrung mit seinem Jahrhundert gewonnen ist der Grundgestus: ein harter, kräftiger Ton. Freilich verfügt er auch über zarte und zarteste Nuancen, wo solche angebracht sind. Zum Zweiten tritt mit Busch stets ein singender Schauspieler auf, kein Belcanto-Sänger herkömmlicher Art. Für ihn war von den ersten Bühnenjahren an klar, dass Text und Textverständlichkeit bei einem Lied mindestens ebenso wichtig sind wie die Musik. Dem Theater geschuldet ist auch Buschs souveräner Wechsel vom Singen zum Sprechen und umgekehrt sowie die Kultivierung seines norddeutschen Idioms, das die Klarheit und angenehme Härte seines Organs unterstreicht. All dies sind Grundlagen für Buschs Gesangsstil, nun kommt seine Stimme hinzu: mit einem erstaunlichen Umfang aus der Tiefe bis hoch in den tenoralen Bereich, einer breiten Ausdrucksskala von zarten Lyrismen bis zu schneidender Härte und dem unverwechselbaren Timbre des Organs.

Die Begegnung mit Hanns Eisler 1929 bei Piscator, aus der rasch eine enge Zusammenarbeit bis zum Tod des Komponisten 1962 resultieren sollte, war ein Glücksfall für die Entwicklung des Liedes im 20. Jahrhundert. Busch war Eislers idealer Interpret, sowohl für die dynamisch-aggressiven Kampflieder als auch die Kabarettsongs und Balladen der Jahre 1929 bis 1935, wie dann später in der DDR etwa für einen Zyklus von mehr als 30 Tucholsky-Liedern. Der Sänger, der dem Komponisten Lieder abfordert, und der Komponist, der diese Lieder seinem Sänger auf den Leib schreibt – da haben wir das Gespann Busch/Eisler. Und was für Lieder! Dass von den für Teil 3 des Filmzyklus ausgewählten 18 Stücken nicht weniger als 11 aus Eislers Feder stammen, unterstreicht dessen musikalische Qualität.

Es gehörte zu seinen eisernen Prinzipien, dass Busch ständig an Liedern weiterarbeitete, veränderte, feilte. Gleich Brecht gab es für ihn nichts Fertiges. Beim Erarbeiten einer Interpretation – und Eisler gestand Busch dies stets gern zu, wusste er doch, dass das Lied dabei meist gewann – kürzte der Sänger mitunter, ein anderes Mal veränderte er schwer singbare Textpassagen. Gewichtiger noch: Wenn historische Einschnitte und Ereignisse bestimmte Aussagen in populären Liedern überholt hatten, so zögerte Busch nicht, neue Zeilen, Strophen oder Refrains gegebenenfalls auch selbst zu verfassen. Für das Brecht/Eislersche *Solidaritätslied* von 1931 beispielsweise hat Bernd Meyer-Rähnitz für den Zeitraum 1932 bis 1965 auf von Busch eingespielten Plattenaufnahmen sowie in von ihm herausgegebenen Liederbüchern diverse deutsche Textvarianten mit neuen Strophen, neuen Refrains, neuen Sätzen bis hin zu einzelnen Wortänderungen nachgewiesen.[18] Dass man all diesen Gesängen die enorme Arbeit nicht anmerkt, dass sie so leicht und souverän daherkommen, ist ein weiterer Vorzug von Buschs Kunst.

Ende 1975 besuchte der Journalist Hans Jacobus Busch in seinem Haus in Berlin-Pankow. Aus der danach entstandenen Rundfunksendung sei hier die Schlusspassage wiedergegeben:

Jacobus
Ernst, Du bist jetzt 75 …
Busch
Ich werd ja bald 76!
Jacobus
Du könntest Dich längst zur Ruhe gesetzt haben … Du arbeitest

doch wie ein Besessener. Vormittags übst Du, am Nachmittag nimmst Du auf, eine Platte nach der anderen. Du hast einen großen Plan, Du weißt jetzt schon, was Du in den nächsten fünf Jahren etwa herausgeben willst. Was treibt Dich?
Busch (lacht)
Aber es gibt doch noch so viele Dinge – wenn ich Dir das jetzt noch alles zeige, dann schlägst Du die Hände überm Kopf zusammen und sagst: „Nee, dat kriegst du nich mehr fertig." Ich habe mindestens noch 50 Lieder, die keiner kennt. Jetzt mach ich grade die neue Brecht-Platte.[19] Alle diese steckengebliebenen Sachen der zwanziger Jahre, die sind doch noch da. Es liegt noch so viel rum bei mir, was ich noch irgendwie an den Mann bringen muss.[20]

Hier spricht der Lied*sammler* Busch über sein Lebenswerk, begonnen schon 1939 in Paris, als erstmals auf Schellacklabels mit Busch-Aufnahmen die Zeile *Lied der Zeit* erschien, fortgesetzt ab 1946 in seiner Berliner Plattenfirma gleichen Namens und dann vollendet als *Chronik in Liedern, Balladen und Kantaten aus der ersten Hälfte des 20. Jahrhunderts* beim dazu neu etablierten Label *Aurora* im VEB Deutsche Schallplatten in Ost-Berlin. Die ersten Aufnahmen für dieses Großprojekt erfolgten ab Anfang 1961, von 1964 bis 1974 erschienen zunächst insgesamt 28 Bild-Text-Mappen mit insgesamt 44 beigegebenen 45er-LPs, enthaltend am Schluss nicht weniger als 226 (!) Liedaufnahmen. Es folgten von 1978 bis posthum 1990 weitere zehn 30-cm-LPs mit Neueinspielungen und historischen Busch-Aufnahmen. Welch ein Pensum, welch ein Lebenswerk!

Am 8. Juni 1980 ist Ernst Busch, achtzigjährig, verstorben. Auf dem Trauerakt der Akademie der Künste hielt Akademiepräsident Konrad Wolf eine Woche später die Gedenkrede. Überschrieben hat er sie „Für Ernst – den Arbeiter". Die Metapher taucht alsbald auch im Text wieder auf. Wolf: „Ernst Busch, der Arbeiter. Ich habe kein genaueres Wort für ihn gefunden. Arbeiter – im Sinn der Klasse und im Wortsinn des Arbeitens. Jeder, der sich ihm näherte, musste wissen, dass er sofort in Arbeit gezogen wird. Als seine Kunst schon klassisch geworden war, unterwarf Busch noch immer jede seiner Aufnahmen der striktesten Selbstaufsicht. Eine Platte, die er endlich freigab, ließ ein Gebirge von Versionen hinter sich. Die vielen Platten, die Busch in Verbindung mit der Akademie herausgebracht hat, gehören zum kostbarsten Besitz der sozialistischen Kunst unseres Landes, ja der Welt des Fortschritts. (...) Allein das Gesicht von Busch war ein unerbittlicher Filter gegen Phrasen und Selbstgefälligkeit. Mit dem Wort Kommunismus ging er sparsam um, es war ihm zu teuer. Kunst war für den ehemaligen Werkzeugschlosser, etwas Perfektes abzuliefern, das Menschen brauchen können. (...) Erst in diesen Tagen ist mir ganz bewusst geworden, woher die elementare Anziehungskraft rührt, die von Busch ausging. Wo Busch war, war ein Energiezentrum. Ich weiß keinen in unserer Akademie zu nennen, mit dem sich Menschen so unterschiedlichen Naturells und ästhetischen Standpunkts verbunden haben. (...) Er machte es seinen Freunden nicht bequem, er war anstrengend und sein Zorn gefürchtet. Er verband durch Arbeit, und hier, in der Arbeit, konnte er beispiellos unduldsam sein. Busch hat es sich nie leicht gemacht, und es ist ihm auch bei uns nicht immer leicht gemacht worden.[21] Weil er offen gefochten hat, auch mit Gleichgesinnten. Aber zu keiner Stunde ließ er Zweifel daran aufkommen, auf welcher Seite der Barrikade er steht. (...) Das herbe glückliche Leben des Arbeiters Ernst Busch hat vieles erfahren, Hass der Feinde, Liebe der Genossen, die Ehre zu ihrer Zeit und den Ruhm schon zu Lebzeiten."[22]

Zum 100. Geburtstag des Sängers am 22. Januar 2000 schrieb Markus Wolf: „Am 8. Juni 1980 starb Ernst Busch. Über 200 Lieder hat er allein auf Schallplatten hinterlassen. Noch vor dem Trauerakt machte mein Bruder Konrad den Vorschlag: Wir arbeiten an der Chronik des Jahrhunderts weiter und machen aus der Lied- eine Filmchronik. So entstand als Koproduktion des Fernsehens, der DEFA-Gruppe 67 und der Akademie der Künste der DDR der Dokumentarfilmzyklus *Busch singt*. Wie zur *Aurora*-Plattenreihe gibt es zu diesem Filmzyklus international kein vergleichbares Gegenstück.

Bei der Antwort auf die Frage Was bleibt? können wir auf einen unbestreitbaren Beitrag zum kulturellen Erbe des Jahrhunderts verweisen. (…) Die sozialistische Idee bleibt auch in den Zeugnissen bewahrt, die Ernst Busch hinterlassen hat."[23]

Zum Schluss kommt noch einmal Regisseur Konrad Wolf zu Wort, mit einem Text vom April 1981: „Seit einigen Monaten arbeite ich mit Freunden an einer Folge von Filmen, in denen durch Lieder, die Ernst Busch gesungen hat, die revolutionären Kämpfe der ersten Hälfte des 20. Jahrhunderts wie eine tönende Chronik lebendig werden sollen. Ich war bis zu dieser Arbeit der Meinung, Busch und sein Werk eigentlich gut zu kennen. Mitte der dreißiger Jahre hatte ich ihn in Moskau zum ersten Mal gehört, mit ihm im Chor gesungen; an der Front in der Roten Armee arbeitete ich mit seinen Platten agitatorisch, und später entstand seine umfangreiche Plattenproduktion in Verbindung mit der Akademie der Künste – kurzum, ich fühlte mich eingeweiht. Aber erst bei dem Filmprojekt sind mir Politik und Kunst als Bündnis fassbarer, erlebbarer, sinnlich wahrnehmbarer geworden in einem Maße, wie ich es bisher so nicht kannte. Busch ist für mich in jedem Tonfall ein Teil der kämpfenden Arbeiterbewegung, ist der personifizierte Beweis dafür, dass politische Kunst nicht schlechthin Kunst mit einem politischen Stoff ist, sondern eine Umgangsform mit der Wirklichkeit in jeglicher Gestalt. Der Arbeiter, der Kommunist, der Künstler Busch sang, als sei er für die Geschicke auf unserem Planeten verantwortlich."[24]

Salut Ernst Busch! Salut Konrad Wolf!

1 Ende 1930 hatte Busch die Schauspielerin und Sängerin Eva Zimmermann kennengelernt, im Februar 1932 hatten die beiden in Berlin geheiratet. Nach der einvernehmlichen Scheidung 1934 in Holland behielt Eva den Namen Busch bei und setzte ihre künstlerische wie antifaschistische Arbeit in Paris fort. Im Mai 1940 Festnahme und Verbringung in das südfranzösische Internierungslager Gurs, nach acht Monaten via Paris zur Haft nach Berlin transportiert, danach von September 1941 bis Januar 1945 im KZ Ravensbrück. Im Februar reklamiert als Sängerin für das „Wehrmachtsnachtkabarett" im Berliner Haus Vaterland, nach vier Wochen wegen Krankheit und Erschöpfung freigelassen. Nach dem Wiedersehen in Berlin Ende April 1945 blieben Ernst und Eva Busch freundschaftlich verbunden. Siehe ausführlich Eva Busch: Und trotzdem. Eine Autobiographie. München 1991.

2 Bertolt Brecht: John Heartfield. In: Ausstellungskatalog John Heartfield. Deutsche Akademie der Künste Berlin (DDR) 1972, S. 1.

3 Konrad Wolf: Zum Geleit. In: Ausstellungskatalog, ebd.

4 Reiner Bredemeyer im Gespräch über *Busch singt*. In: Busch singt. Sechs Filme über die erste Hälfte des 20. Jahrhunderts. Auswahl, Zusammenstellung, Redaktion: Günter Netzeband. Hrsg. von Akademie der Künste der DDR, Fernsehen der DDR, Hauptverwaltung Film des Ministeriums für Kultur. Berlin 1982, S. 42. – Nachf. zit. als Netzeband: Busch singt.

5 Ebd., S. 47.

6 Erwin Burkert im Gespräch, ebd.

7 Bei dem legendären Konzertabend „Ernst Busch – Revolutionäre Lieder des Westens". Verbindende Worte: Sergej Tretjakow, Chor der Karl-Liebknecht-Schule Moskau, Klavierbegleitung: Hans Hauska und Grigori Schneerson, Schlagzeug: Bruno Schmidtsdorf.

8 Markus Wolf: „Ich gehe mit dem Jahrhundert". Erinnerungen an Ernst Busch zu seinem 100. Geburtstag. In: *Neues Deutschland*, 22./23. Januar 2000, S. 14.

9 Hanns Eisler in Malibu an Ernst Busch in Berlin, 13. April 1946. In: Hanns Eisler: Briefe 1944–1951. Hrsg. von Maren Köster und Jürgen Schebera. Wiesbaden 2013, S. 41 (= Hanns Eisler Gesamtausgabe. Serie IX Schriften, Band 4.2).

10 Eisler an Busch, 6. Oktober 1946. Ebd., S. 51.

11 Paul Westheim: Heartfield-Ausstellung in Paris. In: *Pariser Tageblatt*, 24. April 1935.

12 Erstdruck in Hanns Eisler: *7 Lieder für Massengesang*. Hrsg. von Ernst Busch. Berlin, 1. Mai 1949, S. 10–12. – Der Originaltext des *Kominternlieds* (von Fritz

Jahnke/Maxim Vallentin) findet sich u. a. bei Inge Lammel (Hrsg.): Lieder der Agitproptruppen vor 1945. Leipzig 1959, S. 21 f. (= Das Lied – im Kampf geboren. Heft 2).

13 Netzeband: Busch singt, S. 49.

14 Ebd., S. 42.

15 Sprecherin des Kommentars: Ko-Regisseurin Doris Borkmann.

16 Alle drei Zitate in Netzeband: Busch singt, S. 48.

17 Jürgen Schebera: Fünf Versuche, den Sänger Ernst Busch zu beschreiben. In: Ebd., S. 31–33.

18 Siehe im Detail: Bernd Meyer-Rähnitz (Hrsg.): Solidarität. Das Solidaritätslied von Bertolt Brecht und Hanns Eisler in den von Ernst Busch gesungenen und gedruckten Fassungen. Dresden 2000.

19 *An die Nachgeborenen. Busch singt Brecht.* VEB Deutsche Schallplatten/Aurora 1 (LP/1978).

20 *Hans Jacobus bei Ernst Busch.* Berliner Rundfunk, 13. Dezember 1975.

21 Dazu schrieb Markus Wolf anlässlich Buschs 100. Geburtstag (siehe Anm. 8): „Als Hanns Eisler 1952 wegen seiner ‚Faustus'-Oper in die Formalismusdebatte geriet und resignieren wollte, war es Ernst Busch, der ihn bat, Texte für ihn zu vertonen und die gemeinsame Arbeit nicht aufzugeben. Damit vergrößerte aber auch Busch den Konflikt mit ‚seiner' Partei und ließ schließlich die Parteimitgliedschaft ruhen. Das saß tief in seinem Innern und brach gelegentlich in sarkastischen Bemerkungen auf. In einem Brief an Wilhelm Pieck hatte sich Busch Ende 1957 darüber beschwert, dass einige seiner in der Welt bekannten Lieder wie ‚Die Moorsoldaten' und das ‚Solidaritätslied' aus dem Schallplattenkatalog gestrichen worden waren. Auf Vermittlung meines Bruders, der seit 1965 Präsident der Akademie der Künste war, konnte wieder ein sachliches Verhältnis zur politischen Führung hergestellt werden. 1972 nahm Busch ein neues Parteidokument entgegen. Auf einem der vielen von ihm notierten Zettel schrieb er: ‚Zwanzig Jahre lang haben die eisernen Genossen einen Bogen um mich gemacht und sind auf die andere Straßenseite geflüchtet, wenn sie mich von Weitem sahen – heute, nachdem ich den Lenin-Orden bekommen habe, schenkt man mir ein Parteibuch mit 20 Jahre geklebten Marken – und alle kommen und schlagen mir auf die Schulter: ‚Na, wie geht's, Genosse Busch?'"

22 Konrad Wolf: Für Ernst – den Arbeiter. Rede auf dem Trauerakt für Ernst Busch, 17. Juni 1980. In: Konrad Wolf im Dialog. Künste und Politik. Hrsg. von Dieter Heinze & Ludwig Hoffmann. Berlin (DDR) 1985, S. 400 f., 403, 405.

23 Siehe Anm. 8.

24 Konrad Wolf: Über das Verhältnis von Politik und Kunst. Diskussionsbeitrag auf dem X. Parteitag der SED, Berlin (DDR), 10. April 1981. In: Konrad Wolf: Direkt in Kopf und Herz. Aufzeichnungen, Reden, Interviews. Hrsg. von Anne Renk. Berlin (DDR) 1989, S. 337 f.

Carmen Bärwaldt am Bücherregal in der Deutschen Staatsbibliothek Berlin, Berlin, ca. 1981.

Foto: Barbara Köppe

„Du musst in seinem Kopf denken."

Carola Schramm im Gespräch mit Carmen Bärwaldt (Berlin, 4. November 2022)

Liebe Frau Bärwaldt, heute ist der 4. November 2022, heute vor 33 Jahren standen die Intellektuellen der DDR auf und forderten von ihrer Regierung echte Demokratie für ein sozialistisches Land ein. Was verbinden Sie mit dem diesem Tag?

Am 4. November 1989 standen viele Tausende Menschen hier auf dem Alexanderplatz in Berlin. Und mein Liebster Joe und ich standen auch dabei, kurz vor der Tribüne. Da waren meine Kollegen von der DEFA. Wir freuten uns über die riesigen Transparente mit kühnen Losungen, die Menschen hatten sie spontan selbst gemalt. Wir hatten uns dem Wagen des Deutschen Theaters angeschlossen. Ich kannte Johanna Schall[1] ja von der Heiner-Müller-Inszenierung *Der Lohndrücker* und auch die Bolschewistische Kurkapelle.[2]

Dann standen wir als Parteilose für die Pressefreiheit und Meinungsfreiheit und haben uns die ganzen Reden mit Spannung angehört. Das Zentralorgan der SED, das *Neue Deutschland*, hatte sich monatelang ausgeschwiegen über die Fluchtbewegung und die Opposition im Lande, es war ein verlogenes Schweigen. Wir befanden uns in einem Wechselbad der Gefühle. War denn alles verkehrt, wofür wir einst angetreten waren? Es war verkehrt worden, das Richtige war falsch gemacht worden. Und dann sind wir nach Hause und hatten eine große Hoffnung, denn so, wie es war, ging es auch nicht weiter mit dem Sozialismus. Aber so, wie es ab 1990 gekommen ist, kann man es nicht machen. Das haben wir nicht bedacht.

Was aber haben wir nicht bedacht? Gab es eine andere Möglichkeit?

Es war eine erniedrigende Zeit, in der uns die Fehler und Versäumnisse sozialistischer Politik um die Ohren gehauen wurden. Es waren ja dann gleich sehr schnell die Herren mit den Nadelstreifenanzügen und den Aktenkoffern aus der alten Bundesrepublik da. Ich machte Anfang der 90er Jahre eine Recherche zu dem Film *Leseland DDR*, da saß ich im Archiv des ehemaligen DDR-Fernsehens in Adlershof, das DDR-Fernsehen war ja bereits abgewickelt, und ich las zum Thema „Die DDR im Spiegel der Presse der Bundesrepublik" und sah dazu einen BRD-Fernsehbeitrag. Ich dachte, wie kann denn das sein: 1976 waren die Konzepte schon alle fertig. Da hieß es schon, die volkseigenen Fabriken werden alle treuhänderisch verwaltet, die Arbeiter alle entlassen, Zukunft ungewiss, die Schätze Preußischer Kulturbesitz, alles, was im Osten lagert, wird einverleibt. Das lag alles schon vor, 1976! Das war beängstigend. Und es ist genauso gekommen. Ganz minutiös ist das abgearbeitet worden.

Was würde Konrad Wolf zur heutigen Weltgemeinschaft sagen, wenn er von der Zerstörung seiner oder unserer Mühen für die Errichtung einer menschenwürdigen Gesellschaft, einer friedlichen Welt erführe?

Was würde Koni Wolf heute sagen? Er würde sich im Grabe umdrehen. Ich denke mir, er wäre niemals einverstanden mit dem, was uns heute ereilt. Und schon gar nicht mit dieser furchtbaren Kriegssituation, die stellt ja alles in Frage, wofür wir mal angetreten sind. Wie wollen wir argumentieren heute?

Ich habe Ihnen hier ein Foto mitgebracht, es entstand nach der Konrad-Wolf-Arbeit, im Jahr 1984, ich habe ja fast zehn Jahre mit Peter Voigt[3] zusammengearbeitet. Und hier waren wir in Stalingrad, heute Wolgograd. Es ist ein Film entstanden,

Schlachtfelder, und er handelt von den beiden furchtbaren Schlachtfeldern des 20. Jahrhunderts, also Verdun und Stalingrad. In Verdun im Februar 1916 fand die Schlacht ante portas statt, in Stalingrad vom Sommer 1942 bis zum Februar 1943 tobte die Schlacht gegen die faschistische deutsche Armee auf dem Stadtgebiet. Wir haben in Wolgograd gedreht, in dieser Stadt, die 1943 eine riesige Schutthalde entlang der Wolga war, zu 98 Prozent zerstört, eine Stadt ohne Adressen. Sie ist als Linienstadt wieder aufgebaut im prächtigen Stalin-Biedermeier. Auf dem Mamajew-Hügel steht das große Denkmal *Rodina Matj, Mutter Heimat,* da kommen zum Tag des Sieges alle Menschen zusammen und feiern den Sieg über die Faschisten. Am 9. Mai 1984 standen die Veteranen der Roten Armee mit handgeschriebenen Schildern mit den Namen der ehemaligen Divisionen und warteten auf ihre überlebenden Kameraden aus allen Sowjetrepubliken, die Seite an Seite gekämpft hatten; Russen, Ukrainer, Georgier, Kirgisen, Armenier ... Im Jahr 1943 war der erst siebzehnjährige Konrad Wolf als Soldat der Roten Armee einer von ihnen. Er hat mit der kämpfenden Truppe den endlosen Leidensweg vom Kaukasus nach Berlin zurückgelegt und war bei der Befreiung Berlins im April 1945 als junger Leutnant in vorderster Front. Da war er neunzehn.

Schauen wir auf Ihre Beziehung zu Konrad Wolf. Gibt es ein Ereignis, welches Sie als erste flüchtige Begegnung mit dem Namen Konrad Wolf in Erinnerung haben?

Ja, eine solche Berührung mit dem Namen Konrad Wolf gab es im Jahr 1971. Ich studierte Kulturwissenschaften an der Karl-Marx-Universität in Leipzig und hatte einen Ästhetik-Professor, Erhard John. John erzählte in einer der Vorlesungen, dass er in Konrad Wolfs Film *Goya*[4] einen der Kardinäle darstellt. Unser Kommilitone Peter Grünstein spielte den Infanten im blauen

Rock. Merkwürdig, dass uns die Filmdarsteller interessierten, der Regisseur dahinter blieb anonym. Das war meine erste gedankliche Begegnung mit Konrad Wolf, das war 1971. Ich habe das nicht besonders weiterverfolgt.

1973 habe ich mein Diplom gemacht, war dann Diplomkulturwissenschaftlerin und ging nach Weimar.

Wie sind Sie zum Film gekommen?

In Weimar jedenfalls noch nicht. Ich war dort beim Rat der Stadt Referatsleiterin für künstlerische Bereiche, schrieb Konzeptionen für Veranstaltungen und Ausstellungen. 1978 zog es mich zurück nach Berlin und ich bewarb mich auf der Schlossinsel Köpenick als Sektorenleiterin für Programmgestaltung. Dort habe ich meinen damaligen Liebsten und Vater meines Kindes Robinson kennengelernt, Ekkehard Fabry. Ekkehard fotografierte Kunstobjekte und Gemälde für die Kataloge der Staatlichen Museen und arbeitete auch für die DEFA-Gruppe 67 um Annelie und Andrew Thorndike[5] als Repro-Fotograf. Über ihn wurde ich 1978 bekannt mit Klaus Alde[6] und Peter Vatter[7], Regisseure in der DEFA-Gruppe 67. Der Klaus Alde machte gerade einen Film, *Die Deutschen. Vom Werden unserer Nation in 5 Jahrhunderten*. Für diesen Film drehte das Team auch im Westen und ein Regie-Assistent ist drüben geblieben. Hast du Lust, da einzusteigen, hieß es dann zu mir. Naja, ich habe nicht lange überlegt und habe bei der DEFA-Gruppe 67 als Regieassistentin angefangen. Und so arbeitete ich bei Klaus Alde mit an diesem Film *Die Deutschen*.

Es war ein Film über deutsche Geschichte von den Anfängen über das Nazireich bis zur Gegenwart 1979. Ich habe Recherche gemacht und trug unglaublich viel Material für den Tricktisch im Studio Moser + Rosié[8] zusammen. Die Erfahrungen, die ich bei dieser Arbeit machen konnte, halfen sehr bei *Busch singt*.

Wie kamen Sie zu *Busch singt*?

Der rührige Produktionschef der DEFA-Gruppe 67, Harry Funk[9], ein sehr fähiger und heiterer sympathischer Mann mit vielen Kontakten zur Filmwelt, stellte um 1980/81 seine Mitarbeiter aus der DEFA-Gruppe 67 dem Team um Konrad Wolf für das sechsteilige Filmprojekt *Busch singt* zur Verfügung. Das waren vier Schnittmeisterinnen, Aufnahmeleiter, Toningenieure, der Assistenz-Regisseur Peter Vatter, er besorgte die Archivfilm-Recherche, und dazu eine Regie-Assistentin, das war Carmen Bärwaldt, zuständig für Recherche und Beschaffung der Kunst-Bücher, der Plakate, der historischen Fotos und Dokumente, verantwortlich für die Anfertigung von Reproduktionen und für die Vorbereitung der tricktechnischen Aufnahmen von Fotos und Inserts im Trickfilmstudio Moser + Rosié. Mit den beiden Trickkameraleuten hatte ich zwei wunderbare Freunde gefunden, Hans Moser und Thomas Rosié. Die hatten ein Atelier, das aussah wie ein Frankenstein-Kabinett, eine illustre Räumlichkeit, da war alles, was man für Trickaufnahmen brauchte, auch jede Menge Kuriositäten aus vergangenen Filmproduktionen. Wir haben viel gelacht.

Waren Sie nur für das Bildmaterial zuständig oder auch für Ton?

Ich war hauptsächlich für das Foto- und Bildmaterial aller Couleur zuständig, für Kunstdrucke, Kunstbücher, Plakate, Dokumente, für Zeitungen wie die *AIZ*[10] und die *Berliner Illustrierte Zeitung* und auch für Westzeitschriften aus dem Berliner Verlag.

Für den Ton gab es ja hervorragende Spezialisten, die Konrad Wolf im Team um sich hatte: Bernd Runge[11] von der Deutschen Schallplatte, er war für das Überspiel der Busch-Gesänge zuständig. Harry Hapke, der ein riesiges Bandarchiv mit Busch-Gesängen und mit Interviews angelegt hatte, dann Wilfried

Rübe und der Werner Klein, Chef des Babelsberger Tonstudios, die besorgten die Tonmischung; alles Toningenieure von Rang. Werner Klein als Chef des Mischton-Ateliers in Babelsberg hatte mit Konrad Wolf zusammen schon an dessen frühen Spielfilmen gearbeitet. Ein wunderbarer zuverlässiger, akribisch werkender Toningenieur und ein feiner Mensch.

Peter Vatter, selbst Regisseur, recherchierte fast alle Archivfilme für *Busch singt* und hatte insofern natürlich auch mit Ton zu tun.

Waren Sie neben der Suche nach Bildmaterial manchmal auch auf der Suche nach Filmmaterial?

Meine hauptsächliche Arbeit war, wie gesagt, die Suche nach brauchbarem Bildmaterial, auch als Anregung für die Regisseure. War das Material geeignet zum Umsetzen ihrer Filmkonzeption, kam es auf den Tricktisch zur Aufnahme. Was nicht heranzuschaffen war, wurde am Ort gedreht, auch die privaten Fotos aus den Foto-Alben von Ernst Busch. Irene Busch[12] suchte dafür die Alben und Dokumente heraus. Filme machen heißt Vorbereitung.

Ich versuchte eine Auswahl im Sinne des jeweiligen Regisseurs, der mich damit beauftragt hatte, verteilte die Sachen auf einem Tisch in Irenes Wohnzimmer und bereitete die Dreharbeit im Busch-Haus[13] vor. Dann kam einer der drei Regisseure mit dem Kameramann und dem Kamera-Assistenten, der richtete die 35-mm-Kamera ein. Es wurde nicht mit der Kamera auf der Schulter gedreht; die Kamera wurde installiert auf einem Stativ mit beweglichem, hochwertigem Stativ-Kopf, der Kameramann konnte stufenlos Schwenks und Bewegungen ausführen und die Fotos, Inserts und Objekte nach den Vorstellungen des Regisseurs aufnehmen. Der Kamera-Assistent war meist auch Beleuchter und leuchtete sorgfältig die Szenerie aus.

Kürzlich, bei der Ansicht von Peter Voigts Film, Teil 6, *Und weil der Mensch ein Mensch ist,* fiel mir ein, dass ich im Archiv des DDR-Fernsehens doch auch Filmmaterial gesucht hatte – zum Beispiel über Samuel Cohen, den Erfinder der Neutronenbombe. Da mussten wir erstmal einige Bittschreiben an die entsprechende Fernseh-Abteilung für Auslandsfilm senden zwecks Sichtung der Aufnahmen. Schließlich durfte ich das angucken, und wir bekamen ein vom Bildschirm abgefilmtes Material, das war auf 16 mm mit O-Ton. Samuel Cohen, der US-amerikanische Physiker, spricht darin ganz gelassen über seine entsetzliche Erfindung, die Neutronenbombe, die Menschen tötet und materielles Eigentum verschont.

Peter Voigt hat diese Aufnahmen in seinem Film verwandt, mit deutscher Übersetzung der O-Töne. Schaurig.

Wo haben Sie gesucht, wo haben Sie brauchbares Material gefunden?

In der Staatsbibliothek Unter den Linden wälzte ich die großformatigen Zeitungsbände und Literatur, in der Kunstbibliothek der Staatliche Museen neben der Alten Nationalgalerie auf der Museumsinsel recherchierte ich oft Kunstdrucke, welche sich in dicken Bildbänden verbargen. Die Bände durfte ich mit Sondergenehmigung ausleihen.

Die Heartfield-Montagen[14], welche in *Busch singt* Verwendung fanden, suchte ich in der Akademie der Künste[15] im Heartfield-Archiv heraus. Die *Arbeiter-Illustrierte Zeitung* lag gesammelt im Institut für Marxismus-Leninismus, dort waren die Mitarbeiter außerordentlich bemüht und kooperativ. Die *Berliner Illustrirte Zeitung,* welche Peter Voigt in seinem Film *Aurora – Morgenrot* als Vorlage benötigte, befand sich in dicken Bänden in der Staatsbibliothek Unter den Linden.

Ja, wo habe ich nicht überall gesucht für *Busch singt.* Überall, außer in den Archiven jenseits der Mauer; in die Staatsbibliothek Preußischer Kulturbesitz an der Potsdamer Straße und in die Landesbildstelle durfte ich nicht, ich war kein Reisekader, eine „Pappe" für Westberlin oder für die Bundesrepublik oder für das „nichtsozialistische Ausland" hatte ich natürlich nicht. Meine Grenze war da, wo in der Staatsbibliothek Unter den Linden statt der Bücher, die ich aus dem Katalog gesucht hatte, rote Zettel im Regal in der Ausleihe lagen: „Ausgelagert" oder „Nicht am Standort". Auf Nachfrage sagte mir ein freundlicher Mitarbeiter, dass jene Bücher und Zeitschriften im Bestand der Staatsbibliothek Preußischer Kulturbesitz lagerten, in Dahlem oder sonst wo, also dort, wo auf meinem Stadtplan von Berlin der Westen eine weiße leere Fläche war, Niemandsland.

Mein Bittschreiben mit dem Logo vom DEFA-Dokumentarfilm und der Unterschrift von Peter Schwartzkopff,[16] darauf der Stempel, ermöglichte mir aber den Zugang zu westlichen Druckerzeugnissen aus dem „Giftschrank" der Staatsbibliothek. Auch für die Bildrecherche beim Berliner Verlag war mein Schreiben sehr vorteilhaft. Wenn ich es recht erinnere, wurden dort auf Anforderung von Hilde Eisler, ehemalige Chefredakteurin der begehrten Zeitschrift *Das Magazin*, eine Anzahl Westzeitschriften gesammelt. Dem Chef des Archivs, Dr. Schmerbach, und seiner langjährigen Mitarbeiterin Betty Wieske verdanken wir das Foto des toten Che Guevara aus einer Zeitschrift, die Aufnahme vom gefesselten Lumumba, das Foto des verhafteten Chilenen und andere Fotografien, die bei Zentralbild und anderswo nicht zu haben waren.

Ich recherchierte auch im Staatsarchiv in Potsdam sowie in der Deutschen Fotothek und im Militärmuseum in Dresden. In einer Modellwerkstatt für Antriebsmaschinen in Dessau und in Schwerin suchte ich für Peter Voigts Pilotfilm *Aurora – Morgenrot* geeignete Maschinen-Modelle.

Auch die Recherche bei namhaften Fotografen war immer spannend: Gerhard Kiesling,[17] Arno Fischer,[18] Archiv Abraham

Pisarek,[19] Helga Paris,[20] Eva Kemlein.[21] Die alte, schöne Theaterfotografin Eva Kemlein kam aus Westberlin, eine ganz wunderbare Person, eine ganz ruhige. Sie hatte ja den Busch fotografiert nach der Heimkehr 1945, mit Eva Busch[22] vor der Haustür in der Bonner Straße in Berlin-Wilmersdorf. Ebenso anregend waren Besuche bei Malern und Bühnenbildnern. Als ein Bühnenbild-Entwurf von Karl von Appen[23] gebraucht wurde, besuchte ich dessen Witwe, Manja Behrens, Schauspielerin und Darstellerin der Emmi Jahnke in Konis Film *Sonnensucher*. Das waren unvergessliche, interessante und schöne Begegnungen. Von einem sehr anregenden Gespräch mit Gertrud (Tutti) Heartfield, Ehefrau von John, ist mir ihr eindringliches Wort in Erinnerung: „Der Kapitalismus ist böse. Der muss weg von der Welt".

Als Ernst Busch 1980 gestorben war, entwickelte Konrad Wolf die Idee, mit den Liedern Ernst Buschs die erste Hälfte des 20. Jahrhunderts in seinen revolutionären Kämpfen zu zeigen. Wie entstand das Arbeitskollektiv um Konrad Wolf?

Wie gesagt, hatte der Harry Funk, Produktionsleiter von der DEFA-Gruppe 67, unser Team, welches bei den Thorndikes gearbeitet hatte, in diese Kooperation um Konrad Wolf eingebunden; die Kooperation bestand also aus der DEFA-Gruppe 67, der Akademie der Künste und dem Fernsehen der DDR.

Konrad Wolf als Akademiepräsident und künstlerischer Leiter hat für sein Monumentalprojekt ein Team Gleichgesinnter um sich geschart. Er hat Regisseure für sich reklamiert, die ihm besonders erfahren und fähig schienen: Peter Voigt, der galt als einer der besten und renommiertesten Experimentalfilmer der DDR; Erwin Burkert,[24] langjähriger Fernsehregisseur und Dokumentarist, dazu der Dramaturg Ludwig Hoffmann von der Akademie der Künste,[25] ein Theatermann und hochgebildeter Experte für Kunst und Literatur im antifaschistischen Exil, und

Reiner Bredemeyer,[26] Komponist und Berater. Wolfgang Kohlhaase[27] hat auch mitgetan als Freund und Berater für Konrad. Und natürlich die getreue Doris Borkmann[28] als Assistenz-Regisseurin.

Konrad Wolf wusste um den Anteil, den Annelie Thorndike an diesem Projekt hatte. Wie begegneten sie sich, die doch beide an politischen Filmwerken gearbeitet hatten?

Konrad Wolf schrieb an sie:

„Liebe Annelie, da heute und in den nächsten Tagen die eigentliche Geburtsstunde meines Busch-Films ist, es erste Anzeichen dafür gibt, dass der Film an Herz und Nieren geht, damit an Verstand und Vernunft, möchte ich Dir, nur Dir, dafür danken. Du hast mir, uns erst ermöglicht, diesen Film zu machen. Wir waren Nutznießer der langjährigen Mühen von Dir und Andrew, ein funktionsfähiges politisch mitdenkendes Kunstwerk zu schaffen. Ohne diese Voraussetzung gäbe es diesen Film nicht. Nicht so. Und so viel verstehe ich vom Filmemachen (ich bin ja kein Dokumentarist), von Kunst und Politik, dass diese meine Meinung nicht übertrieben ist. So warst Du, war Andrew mit dabei, das ist für mich ein schöner Gedanke. Hoffentlich teilst Du ihn, nachdem Du *Busch singt* gesehen hast. Danke Annelie.

Koni, 9.4.1981".[29] Da hatte er noch elf Monate zu leben. So war das.

Wie wurde das inhaltliche Konzept erarbeitet und wie wurde es umgesetzt, wie die Linie gefunden?

Nun, die Idee für das Dokumentarfilmprojekt *Busch singt* war in Konrad Wolfs Kopf und in seinem Herzen entstanden. Er kannte Ernst Busch seit der Kindheit, er wollte dem einzigartigen

Sänger ein filmisches Denkmal setzen und muss die Filmidee lange mit sich herumgetragen haben.

Die Machbarkeit ergab sich aus der Arbeit des Sängers für die Schallplattenaufnahmen, die eine Chronik der ersten Hälfte des 20. Jahrhunderts zeichneten. Der ausführlichen Liederchronik sollte eine Bilderchronik zur ersten Hälfte des 20. Jahrhunderts zur Seite gestellt werden, erweitert bis zum Jahr 1983, ganz frei kommentiert von den Gesängen Ernst Buschs.

Sie finden keine einzige Filmaufnahme, welche die Gesänge platt untermalt, die Gesänge verhalten sich meist konträr zum Bild. Die Lieder von Ernst Busch gaben die Dramaturgie und den Rhythmus der sechs Filme vor, das war die Linie, der rote Faden. Sechs Filme, entstanden aus Gesängen.

Jeder der drei Regisseure wählte seinen Chronik-Zeitraum und legte dafür sein Exposé vor.

Peter Voigt lieferte den Pilotfilm *Aurora – Morgenrot* und den sechsten und letzten Film *Und weil der Mensch ein Mensch ist*. Der sechste Film war am schwierigsten von allen zu realisieren, denke ich. Eine sehr eigenwillige Komposition, eine filmische Collage wie auch Peters Film *Aurora – Morgenrot*. Und ein gewichtiger Schluss-Akkord der Filmreihe. Das war für Peter Voigt ein enormer Kraftakt. Konrad war nicht mehr da, aber es galt, seine Vorstellungen nach Möglichkeit umzusetzen.

Erwin Burkert übernahm den zweiten Film *Nur auf die Minute kommt es an* und den vierten, *In Spanien*. Erwin brachte jahrelange Erfahrung als Fernsehregisseur, Dokumentarist und Publizist mit und arbeitete mit Ulla Kalisch, einer versierten Schnittmeisterin vom Fernsehen.

Teil 3, *1935 oder Das Faß der Pandora* war der erste Film, der fertiggestellt wurde, entstanden in Konrads Eigenregie.

Im Jahre 1935 war Konrad 10 Jahre alt und lebte mit seiner Familie im Moskauer Exil, er hat dieses Jahr in Deutschland nicht erlebt. Bei der Sichtung der unzähligen Filmaufnahmen des Jahres 1935, die zum großen Teil im Auftrag der Nazis gedreht wurden, sah er sich konfrontiert mit dem ihm unbekannten einfachen Leben der kleinen Leute und mit den finsteren Machenschaften der Nazis in diesem Deutschland, in dem in aller Öffentlichkeit der Krieg vorbereitet wurde. Man kann sagen, Konrad suchte nach der Wahrheit hinter den Filmbildern dieser Zeit, die mit Ernst Buschs Gesängen korrespondierten. Konrads zweiter Beitrag, *Ein Toter auf Urlaub*, wird zum Teil 5 in der Reihe und ist wiederum ganz anders montiert als sein Film *1935 oder Das Faß der Pandora*.

Kann es sein, dass Konrad Wolf mit diesem Projekt auch sein eigenes Resümee aus diesem Jahrhundert ziehen wollte? Ist er deshalb zum Dokumentarfilmer geworden? Oder wollte er seinem Freund Busch die Ehre erweisen?

Natürlich ist es Konrads Resümee. Sechs Filme über die erste Hälfte des 20. Jahrhunderts. Es ist ja auch sein Jahrhundert.

Die künstlerische Leitung über einen Dokumentarfilm solcher Dimension wie *Busch singt* zu übernehmen, war ein Wagnis für Konrad, ein Experiment, ein reizvolles Neuland. Als begnadeter, erfahrener Regisseur großer Spielfilme hatte er glänzenden Erfolg, *Solo Sunny*, ein wunderbar lakonischer und melancholischer Film,[30] war so etwas wie die Krone seines Schaffens. Diesen Schwung hat er genutzt, dem großen Schauspieler und verehrten einzigartigen Arbeitersänger Ernst Busch ein filmisches Denkmal zu setzen. Busch war 1980 gestorben, Konrad hatte ihm eine bewegende Trauerrede gehalten im Blauen Plenarsaal der Akademie der Künste in der Luisenstraße.

Darin heißt es: „Ernst Busch, der Arbeiter. Ich habe kein genaueres Wort für ihn gefunden. Arbeiter – im Sinne der Klasse und im Wortsinn des Arbeitens. […] Mit dem Wort Kommunismus ging er sparsam um, es war ihm zu teuer. Kunst war für den ehemaligen Werkzeugschlosser, etwas Perfektes abzuliefern, das Menschen brauchen können."[31]

Der Gedanke einer filmischen Hommage an Ernst Busch und an seine unsterblichen, kraftvollen Gesänge muss ihn als Regisseur lange schon beschäftigt haben.

Wolf erkannte schließlich: „Der Arbeiter, der Kommunist, der Künstler Busch sang, als sei er für die Geschicke auf unserem Planeten verantwortlich."[32] In diesem Sinn verstand sich auch Konrad Wolf. Verantwortlich für die Geschicke auf unserem Planeten.

Wie haben Sie sich der Thematik Busch genähert?

Als ich zur Filmproduktion von *Busch singt* kam, hatte ich weder revolutionäres Pathos noch besonders viel Phantasie. Über Ernst Busch und seine heftige Vita wusste ich zu dieser Zeit auch so gut wie nichts.

Doch mit den Liedern von Ernst Busch sind wir ja aufgewachsen. Wir hatten eine humanistische Erziehung in der Deutschen Demokratischen Republik, eine Erziehung zum Frieden. Die Fragen von Krieg und Frieden waren existenziell. Meine Mutter, Jahrgang 1915, aus kommunistischem Elternhaus, hat zwei Kriege erlebt und erinnerte oft die furchtbaren Bombennächte mit ihren zwei kleinen Kindern im Luftschutzkeller in Berlin in den Jahren 1943/44. Die Todesangst. Der Hunger. Die Kälte. Sie hasste den Krieg, der ihr die besten Jahre zertrümmert hatte. Das war die Generation, die sich schwor: Wir wollen ein Leben lang trockenes Brot essen, aber es soll Frieden sein für uns und unsere Kinder, nie wieder Faschismus, nie wieder Krieg.

Meine Schwester besaß das in blaues Leinen gebundene Liederbuch der FDJ: *Leben Singen Kämpfen*. Diese Kampflieder, Marsch- und Friedenslieder waren in meinem Kopf, und Ernst

Buschs unverwechselbare Stimme hat uns als Kinder und Jugendliche begleitet, er gehörte sozusagen zu unserem Alltag und war gar nichts Besonderes. Schon in der zweiten Klasse sangen wir mit Inbrunst die Zeile „Spaniens Himmel breitet seine Sterne über unsere Schützengräber aus".[33] Was ein Grab ist, wussten wir schon, aber was Schützengräben sind, davon hatten wir keine Vorstellung, also sangen wir „über unsere Schützengräber". Das Lied hatte einen schönen Rhythmus, die Melodie war mitreißend, und über den Inhalt machten wir uns als Kinder wenig Gedanken.

Der Arbeitersänger und Schauspieler Ernst Busch trat erstmals stärker in mein Bewusstsein, als meine Mutter Käthchen erzählte, dass sie als Sportlerin des Arbeitersportvereins *Fichte* in *Kuhle Wampe*[34] mitgespielt hatte, um 1930, da war sie fünfzehn Jahre alt. Die Gruppe des Arbeitersportvereins *Fichte* hatte laut Regieanweisung von Slatan Dudow durch den Tunnel unter der Spree zu marschieren, mehrfach, immer wieder von vorn, das ist im Film die endlose Kolonne junger Menschen, durch Dunkelheit zum Licht. Unter den Filmbildern erklang das *Solidaritätslied.*

Die Arbeit an *Busch singt* war für mich damals total abstrakt. Es war die Geschichte der Elterngeneration, die den Kapitalismus mit zwei Weltkriegen überlebte.

Was ich da bearbeitet hatte, begriff ich erst 1991, als die DEFA abgewickelt wurde, als Obdachlosigkeit zu sehen war in Berlin, als es Kriege gab mit Beteiligung der Bundesrepublik, als wir alle entlassen wurden und es tatsächlich den legendären „blauen Brief" gab und die Menschen wieder wie Schachfiguren hin- und hergeschoben wurden: „Freiheit und Democracy" und „Was hier gebraucht wird, ist Hackfleisch. Aber das soll euch nicht entmutigen."[35] So Brecht. Das *Stempellied*[36] mit den Zeilen „Keenen Sechser in der Tasche, bloß 'n Stempelschein. / Durch die Löcher der Kledage kiekt die Sonne rein" war auf einmal gemeine Realität angesichts der vielen Arbeitslosen nach Abwicklung der DDR-Industrie durch die Treuhand. Das Ergebnis war verheerend: Millionen Menschen im Osten Deutschlands mit zerknickten Biografien, gedemütigt. Auch die Künstler. Unsere Lebensleistung war nun einen Dreck wert.

Und heute sage ich Ihnen: Die Busch-Filme gehören unbedingt wieder unter die Leute. Man geht aus diesen Filmen anders heraus, als man hineingegangen ist. Wenn ich ganz unten bin, dann muss ich den Busch hören und dann denke ich: „Ja! Busch hat gestanden und hat sich da in die Flammen geworfen." Und dann schäme ich mich für meine ... Zaghaftigkeit.

Wie haben Sie Konrad Wolf persönlich kennengelernt?

Es muss Anfang Januar 1981 gewesen sein, ich hatte schon mit der Recherche begonnen und so rasch wie möglich die Trickvorlagen für das *Faß der Pandora* herbeigetragen, der Film sollte zuerst fertig werden. Doris Borkmann legte mir an jenem denkwürdigen Wintermorgen den Arm um die Schulter und sagte: „Komm, der Konrad ist gerade da, begrüß ihn mal." Mir blieb fast das Herz stehen. Ich wusste ja nun, dass er ein berühmter Regisseur und obendrein Präsident der Akademie der Künste war und hatte keine Ahnung, wie ich ihm begegnen sollte. Dann war alles ganz einfach. Er saß im Schneideraum und hatte Fotos oder irgendwas von den Dokumenten vor sich zu liegen, die ich angebracht hatte. Er stand etwas umständlich auf, gab mir die Hand und sagte: „Was Sie da gefunden haben, das ist gut." Das war wie ein Ritterschlag.

Die Befangenheit und Schüchternheit gegenüber Regisseuren konnte ich nie wirklich überwinden. Meine persönliche Begegnung im Januar 1981 mit Konrad Wolf war aber ganz schlicht. Zwei Schüchterne.

Es gibt so ein schönes Foto von Barbara Köppe, auf dem das Arbeitsteam wie es scheint in einem Denkprozess abgebildet ist. Können Sie mir zu den Personen etwas sagen?

Ja, klar, ich erinnere noch die Situation. Links steht Harry Funk, rechts neben ihm, das ist der Ludwig Hoffmann von der Akademie der Künste. Und hier, die an der Wand sitzen, das ist Evelyn Carow,[37] die Schnittmeisterin, sie war die Frau von Heiner Carow.[38] Rechts daneben, das ist Bernd Runge von der Deutschen Schallplatte, dann folgen der Peter Voigt und der Reiner Bredemeyer, der die Musiken bearbeitet hat. Hier ist Doris Borkmann, neben ihr guckt der Peter Vatter ein bisschen raus. Peter Vatter hat die Archiv-Filme herangeschafft, der war ja Regisseur von der Ausbildung. Ein sehr kluger, bedächtiger, liebenswerter Kerl, ich mochte den gern. Und hier sitzt Erwin Burkert.

Vorn im Bild, der Gruppe zugewandt, ist Konrad. Koni, der war einfach umwerfend, überwältigend mit seiner Persönlichkeit, so eine Aura, so etwas Schönes, Ernsthaftes, Edles, Nobles. Ich erinnere einen hochgewachsenen, kräftigen, breitschultrigen Mann, hoch aufgerichtet, kräuseliges dunkles, etwas lichter gewordenes Haar mit ein paar grauen Fäden darin, ein großflächiges, gutes Gesicht. Sein Mund war eigentümlich weich, auch war da eine Narbe an der Oberlippe. Er wirkte gänzlich unaufgeregt. Sein Schritt war gemessen, vielleicht gar etwas linkisch. Aber er brachte viel Körpersprache ein, seine Hände waren in temperamentvoller Bewegung, wenn er mit uns den Film und die Aufgaben zu seiner Fertigstellung beriet.

Seine Art im Umgang mit seinen Mitarbeitern war ruhig, freundlich und mit Bedacht, ja Bedächtigkeit, auch Betulichkeit. Seine Argumente trug er fast schüchtern vor, er erwartete Widerspruch und hörte zu. Seine Sprache war wohllautend und angenehm im Tempo, jedes Wort abwägend.

Und hier in der letzten Reihe, da sitzen Sie?

Ja, das bin ich. Ja, Sie sehen schon, icke ganz hinten am Kachelofen, es muss Winter gewesen sein.

Sie sehen ein bisschen verschüchtert aus.

Ja, klar, ich war absolut schüchtern; ich habe mich ja gar nicht getraut, den Konrad anzusprechen. Ich glaube, ich habe nie zu ihm gesagt „Herr Wolf". Ich habe ihn nie angesprochen. Ich hatte einen ungeheuren Respekt vor ihm.

Bei der Besprechung auf diesem Foto hier, was meinen Sie, worüber sprechen Sie da gerade?

Also, Sie sehen das Papier da an der Wand. Das war so ein Pin-Brett und da waren die Fotos dran, die gerade im Gespräch waren, samt Notaten und Überlegungen zur Dramaturgie. Hier war, glaube ich, der Produktionsplan, darauf stand, was wann wo gedreht wird. Und die Fotos auf dem Tableau waren entsprechend der Reihenfolge der Filme angeordnet.

Und nach der Fotografie hier muss schon ein Teil fertig gewesen sein, da muss schon was geschnitten worden sein. Und Koni hat hier offenbar nochmal die Leute motiviert. Alle haben was zum Schreiben mit, auch ich hatte etwas zum Mitschreiben auf dem Schoß.

Wie war Wolfs Arbeitsweise, welches Verhältnis hatte er zu den anderen Regisseuren?

Konrad besaß diese seltene natürliche Autorität. Er trug ja doch eine gewaltige Verantwortung als künstlerischer Leiter und Chef dieser hoch angebundenen Filmproduktion und bewies sehr viel Einfühlungsvermögen in der Arbeit mit seinem Team. Bei unseren Beratungen entwickelte er eine ungeahnte Dynamik und Leidenschaft in der Sprache und Gestik; Begeisterung ist eine Sache, die aus dem Geiste kommt. Konrad konnte sich herzlich freuen, wenn ihm eine Filmsequenz gut gelungen war, er duldete auch den Einspruch und Widerspruch. Er ermutigte die Regisseure, ihre eigenen Vorstellungen umzusetzen, und nahm selbst guten Rat an, wenn er unsicher war. Wir liebten ihn für seine Gewissenhaftigkeit, Zuverlässigkeit und für seine Bescheidenheit, und für seine stille Hartnäckigkeit bei umstrittenen Positionen und für seine Besessenheit in der künstlerischen Arbeit.

Das gesamte Filmprojekt war von ihm konzipiert und zusammengestellt. Und wir waren allesamt dem alten Busch irgendwie verpflichtet. Wir sind ja damit aufgewachsen, alle, die im Team waren. Was er an der Arbeit seiner Regisseure schätzte, war vor allem die Konsequenz im Gedanken und in der Ästhetik. Die Regisseure zu solcher Konsequenz zu ermutigen, sie zu couragieren, ihr Eigenes vorzubringen, das war ihm wichtig. Er wusste genau, dass man abseits vom eigenen Weg aufgefressen wird von Mittelmäßigkeiten. Das ist eine Aussage von Peter Voigt. Ich erinnere noch Konrads Reaktion auf Peters Exposé für *Aurora – Morgenrot*: „Das liest sich glänzend. Also Vorsicht."

Jeder einzelne dieser sechs kollektiven Filme sollte das ganz persönliche und unverwechselbare Gesicht seines Gestalters zeigen. Das war Konrads Plan und er war sehr beglückt, als er mit der Zeit feststellte, der Plan geht auf! Donnerwetter!

Wenn er zu den Regisseuren Peter Voigt oder zu Erwin Burkert an den Schneidetisch trat, dann wollte er natürlich sehen, wie weit sie gekommen waren. Und seine Hinweise hielt er so, dass sie die Gedanken und eigenen Vorstellungen der Regisseure nur deutlicher konturierten.

Also, der noble Mann Konrad Wolf, Präsident der Akademie der Künste, brachte seine Vorschläge sehr behutsam vor, seine Angebote fast zögernd – so hat Peter Voigt das beschrieben. Sein Respekt vor der Arbeit der anderen war enorm. Wenn er spürte, dass er den anderen nicht überzeugen konnte, ließ er den Punkt fallen. Das geschah dann meist mit jener Bewegung von Kopf und Schulter, leichthin vollführt, wie die Russen tun. Damit war gesagt, bitte, es ist dein Film.

Aber er holte die Regisseure auch an seinen Tisch, um seine Arbeit vorzuführen. Der Film, der zuerst fertig wurde, war Konrads Film *1935 oder das Faß der Pandora*. Konrad zeigte ihn in einer kleinen Öffentlichkeit, ganz probeweise. Er bestand darauf, dass wir auch immer alle dabei waren. Er wollte seine Leistung präsentieren und betrachtete diese aber auch als Ergebnis der kollektiven Arbeit. Manchmal zeigte er seine Verlegenheit, Dokumentarfilm war sein Neuland. Er hörte dem anderen dann sehr genau zu. Ertrug alle Einsprüche. Allerdings erwartete er, dass der andere in seinem Kopf dachte.

Und so ist auch dieses Foto hier: Das ist Konis Forderung des Tages, denkt in meinem Kopf, und die gucken alle hier und die Lampe geht an – oben leuchtet die Birne – und alle sind gespannt und hören zu. Das war auch so, da hat niemand einen Widerspruch gemacht oder hineingeredet oder so.

Ja, das sieht man deutlich, alle folgen seinen Gedanken. Aber Peter Voigt, der hat wohl seine eigenen Gedanken?

Na, Peter hat immer das andere schon gedacht. „Mitten wir im Leben sind mit dem Tod umfangen", das war der erste Satz, den Peter Voigt zu mir sprach, als ich ihn kennenlernte. Ich hab's mir gemerkt, natürlich. Konrad hat den Peter ungeheuer geschätzt und konnte ihn glücklicherweise für sein Team und für diese seine erste Dokumentarfilm-Arbeit gewinnen. Von Peter kamen tausend Anregungen, er kannte sämtliche Archive und kannte sich wie niemand sonst aus mit Fotografien. Ach, eine Schmach werde ich nie vergessen, das war ganz zu Anfang. Da sollte ich Foto-Porträts emigrierter Künstler und verfolgter Linksintellektueller aus den 30er Jahren beschaffen. Ich kam erstmal mit einfachen Porträts an, Köpfe eben, herausgesucht bei ADN Zentralbild. Geradezu angeekelt blickte Peter auf mich und die mitgebrachten „Köppe", das da hatte er nicht gemeint. Er zeigte mir als Beispiel das sensible Foto von Ernst Barlach auf der Schaukel, aufgenommen im Garten, und das anmutige Foto der Käthe Kollwitz. Fortan sah ich „mit einem anderen Blick" nur noch nach Fotos, die wahrhaft etwas über die Person und ihr Umfeld aussagten. „Köppe" allein kamen nicht mehr vor. Bis heute. Von Peter lernte ich das Betrachten von Fotos mit der Lupe, die Entdeckungsreise mit dem Vergrößerungsglas, die Freude am Detail.

Haben Sie persönlich für alle Film-Teile bzw. allen Regisseuren zugearbeitet?

Ja, ich habe für alle Teile recherchiert. Und Doris Borkmann hat das koordiniert.

Sie hat mir einen Zettel in die Hand gedrückt, was so gewünscht wurde, Fotos, Plakate und oder was. Und dann bin ich losgeschossen und hatte in der Akademie der Künste, da waren ja damals sämtliche Archive, auch das Arbeiterlied-Archiv, das Plakat-Archiv, das Heartfield-Archiv, oder in Bibliotheken und anderswo meine Rechercheaufträge zu erfüllen. Hier gibt es auch ein Foto von mir, das hat die sensible, geduldige Fotografin Barbara Köppe aufgenommen. Das hier ist meine Arbeit in der Staatsbibliothek Unter den Linden. Barbara Köppe hat auch all die Fotos gemacht von Konrad und von der Arbeit in den Räumen in der Winsstraße.[39] Ja, so sah ich also aus im Jahre 1981.

Da brauchte ich noch keine Brille, da hatte ich gesunde, gute Augen. Ich war jung. Ich lief immer gern mit Stöckelschuhen und versuchte, ein bisschen angenehm auszusehen. *(Lacht.)*

Konrad Wolf bekam für seine Produktion ein Studio, d. h. eine ganze Etage in einem Altberliner Haus, in der Winsstraße im Prenzlauer Berg. Die Winsstraße war ein ganz besonderer Ort für Sie. Warum?

Es muss Ende November 1980 gewesen sein, da bekam ich die Nachricht, ich möge mich am nächsten Dienstag früh in der Winsstraße 42 einfinden.

Die Winsstraße war eine graue, elend lange Straße, und an der Nr. 42 lief ich in der Aufregung erstmal vorbei. Ich hatte keine Vorstellung, wie die Nr. 42 von außen aussah, auf einen Laden war ich gar nicht gefasst. Dann fand ich den Hauseingang, links im Erdgeschoss war eine alte braune Tür halb geöffnet. Kein Hinweis auf ein Filmstudio. Ich fand mich dann in einem langen dunklen Flur der Ladenwohnung wieder.

Irgendwer führte mich in den Besprechungsraum. Ich setzte mich brav auf das Sofa und schaute mich um. Das Fenster ging zum Hof raus. In der Ecke ein gelblicher Kachelofen, der wunderbarerweise geheizt war. Tapete, Auslegeware, zwei Sessel, eine Kommode zur Ablage – all das atmete den Charme der 60er, 70er Jahre. An der Wand war eine Tafel angebracht mit Arbeitsfotos und einem Zeitplan für die Filmproduktion. Um die Mittagsstunde kamen dann Menschen mit Filmrollen unter dem Arm und Filmkartons; jemand trug ein Stativ und anderes Equipment herein und stellte das in dem Raum ab, wo ich auf dem Sofa saß. Ich kannte niemanden.

Aber eine schöne Frau stellte sich als Doris Borkmann vor und sprach, sie würde mich in die Arbeit einweisen. Doris war die gute Fee für mich in diesen zwei Jahren, sie kümmerte sich rührend um mich und um das ganze Team. Sie war eine sehr kluge, rührige, unglaublich fleißige, liebenswerte Person. Doris Borkmann hat viele Dinge für Konrad Wolf einfach erledigt. Er war ja Akademiepräsident und hatte ein großes Aufgabenfeld. Doris war viele Jahre schon seine Assistenz-Regisseurin, Dramaturgin, Organisatorin, Schnittmeisterin, Sprecherin in Personal-Union. Doris war der gute Geist des Unternehmens *Busch singt.*

Von ihr wusste ich bis dato gar nichts, schon gar nicht, dass sie seit 1956 an unzähligen DEFA-Filmen mitgearbeitet hatte und bei Konrad Wolfs großen Spielfilmen seine Co-Regisseurin war. Im November 2014 wurde dieser wunderbaren Filmfrau der Preis der DEFA-Stiftung für ihr Lebenswerk verliehen, da war sie fast 80 Jahre alt. Endlich stand sie in der ersten Reihe!

Ja, die Winsstraße hatte in mehrfacher Hinsicht etwas Besonderes. Die Winsstraße war so eine Art „Basislager". Die Schnittmeisterinnen waren immer anzutreffen in ihren Schneideräumen. Und in der ehemaligen Speisekammer lagerte ich meine „Beute" aus den Archiven zur Ansicht und Auswahl für die Regisseure.

Als ich viele Jahre später einmal in einem ähnlichen Gemäuer einen Vortrag hielt, begann ich diesen damit: „Wissen Sie, das sieht hier aus wie in der Winsstraße, das riecht hier auch so, etwas alt und ein bisschen muffig. Ich bin eben gerade den Flur langgekommen und rechts geht die Küche ab mit einer Speisekammer und dann links noch die zwei Zimmer. Es hat diesen Ladenwohnungs-Charme, wo die Leute, die Passanten, vorbeigehen da draußen und durch die Schaufensterscheiben kieken.

Wie in der Winsstraße."

Hatten Sie schon vorher einen Bezug zum Bild, oder war die Bildersprache eine Neuentdeckung für Sie?

Ja, natürlich hatte ich vorher Bezug zum Bild. Die Fotografie fesselte mich schon als Kind. Meine Mama besaß eine zweiäugige Leica, die Fotos waren Format 6 x 6 oder 6 x 9; die Fotofilme wurden bei Trux in unserem Kiez entwickelt und bekamen einen gezackten Rand, den sogenannten Büttenrand, das erinnere ich aus der Kindheit um 1955. Die gelblichen kleinen Amateur-Fotos, erstaunlich scharf, meist Familienszenen, wurden dann richtig in ein Album mit Foto-Ecken geklebt. Die Legende darunter hatte Mutter mit der Hand geschrieben, mit Ort und Datum.

Die privaten Fotoalben, auch die von Ernst Busch, sahen genauso aus wie die von der Hand meiner Mutter angelegten umfänglichen Familien-Alben.

Bei der Dokumentarfilm-Arbeit verwendeten wir oft Amateur-Aufnahmen mit Büttenrand, die waren viel authentischer als jene gelackten, manchmal schon retuschierten Fotos von ADN Zentralbild oder aus anderen Archiven.

Tatsächlich aber war die „Bildersprache" eine totale Neuentdeckung für mich.

Am Tricktisch bei Moser + Rosié lernte ich, wie die Trickkamera historische Schwarz-Weiß-Fotos zum Leben erwecken und zum Sprechen bringen konnte mit Detail-Aufnahmen, Schwenks und Rückfahrten. Eine Retusche oder das Nachzeichnen schwacher Konturen geschah mit der Hand. Das erledigten die Grafiker im Studio Moser + Rosié, allesamt freischaffende Künstler. Um einen Sepia-Ton zu erzeugen, wurden Fotos auch mal mit Tee-Aufguss präpariert. Das jeweilige Foto wurde mit einem feinen Transparent-Papier bedeckt und darauf der gewünschte Ausschnitt umrissen, mit Millimeterangabe, dazu war handschriftlich die Aufnahmelänge und die genaue Anweisung des Regisseurs vermerkt, wie die Trickkamera das Foto zu behandeln hatte. Heute wird ein historisches Foto in den Scanner gesteckt, digitalisiert und nach Herzenslust digital bearbeitet, irre. Damals war alles Handarbeit; dennoch entstanden tolle tricktechnische Effekte.

Die Heartfield-Montagen, welche in *Busch singt* Verwendung fanden, suchte ich in der Akademie der Künste im Heartfield-Archiv heraus. Das waren großformatige Ektachrome, 13 x 18, Reproduktionen von den Originalen, wenn ich es recht erinnere. Das Ektachrome-Material war aus dem Westen. Das konnten Moser + Rosié ohne Probleme und ohne besondere Behandlung ausleuchten und mit der Trickkamera aufnehmen. Sie hatten eigens eine Trickkamera konstruiert für Spezialaufnahmen. Die Kamera steht heute übrigens im Filmmuseum in Potsdam. Das Hakenkreuz im *Faß der Pandora* war so ein Ektachrome. Einige Heartfield-Montagen wurden auch mit der 35-mm-Filmkamera direkt aus der *AIZ* aufgenommen.

Andere Reproduktionen für *Busch singt* fertigte der Fotograf Axel Grambow an, z. B. die Repros der privaten Kinderbilder von Anna Seghers,[40] als sie noch Netti Reiling hieß, Stocklocken trug und in Mainz aufwuchs, und auch die Repros der Kinderfotos von Ernst Busch, von Brecht, Becher, Tucholsky, sie alle waren vor oder um 1900 geboren. Grambow fertigte auch die Repros von Inserts, Textzeilen und Notenzeilen für Peter Voigts Filme 1 und 6 an.

Ich erinnere den großen Hans-Grundig-Band,[41] darin war das Triptychon *Das Tausendjährige Reich*. Im *Faß der Pandora* gibt es diese Überblendung von Hans Grundigs Gemälde *Das Tausendjährige Reich* auf ein Schwarz-Weiß-Foto vom zerstörten Teil der Stadt Dresden nach der Bombardierung 1945, der mit dem Gemälde identisch, ja, deckungsgleich ist. Grundig begann die Arbeit am Triptychon im Jahre 1935 und vollendete das Werk 1938. Er war Kommunist, galt als „entarteter Künstler“ und landete im KZ. Er hatte schon 1935 die gespenstische Vision der Zerstörung, die am 13. Februar 1945 entsetzliche Realität wurde. Diese Überblendung hat mich tief erschüttert, bis heute.

Das Filmbild muss einen großen Eindruck auf Sie gemacht haben - schließlich sind Sie mit Ihrer Arbeit dem Film verbunden geblieben. Worin liegt für Sie die Faszination der bewegten Bilder?

Die laufenden Filmbilder haben eine starke Magie, der sich niemand entziehen kann. Ihre Erfindung war eine wirkliche Revolution, das Filmbild hat bis heute nichts eingebüßt an Suggestion. Die physische Existenz der Menschen und anderer sterblicher Lebewesen herüber zu retten für die Ewigkeit, wahre, gute und furchtbare Ereignisse auf Film zu bannen und für die Nachwelt zu erhalten gegen die Vergänglichkeit alles Irdischen – ein Wunder. An einem solchen Wunder teilzuhaben zu dürfen, das ist eine Gnade.

Der Umgang mit Filmmaterial ist eine absolut sinnliche Sache; den Filmstreifen kann man berühren, der riecht nach Chemie, der hat eine Blankseite und eine beschichtete Seite, der lebt und knistert und arbeitet auf dem Schneidetisch und im Projektor, der ist empfindlich und reißt und kann wieder zusammengefügt werden auf der Klebelade.

Ich habe das Arbeiten am Steenbeck, dem Schneidetisch, kennengelernt. Ich habe gelernt, Klebestellen zu verriegeln, denn ehe etwas vor einer Abnahme ins Kopierwerk ging, da musste auch alles stimmen. Die Filmbänder wurden über den Galgen gehängt, ein Gestell, das war mit Nägeln bestückt, für die Perforationslöcher. Dann wurde gekennzeichnet, was raus sollte. Da konnte man noch richtig sehen, was man zusammenschneidet, das war auch spannend. Die Schnittmeisterinnen arbeiteten mit weißen Handschuhen. Wenn der Film fertig zusammengeschnitten war, kam der „Samtbobby", die Spule mit dem Samtbezug, da wurde das Ganze nochmal geputzt, ehe der Film ins Kopierwerk geliefert wurde. Die Schnittmeister sind ja die heimlichen Regisseure. Das weiß man auch. Also, man muss den Filmstreifen lieben bis zum letzten Perforationsloch.

Haben Sie mit Konrad Wolf auch persönlich zusammengearbeitet?

Ich erinnere, einmal bat er mich, für seinen Film *Ein Toter auf Urlaub* Fotos zusammenzutragen und eine Tricksequenz zusammenzustellen von Mordwerkzeugen der Nazis zur Hinrichtung von Kommunisten. Das Fallbeil, die Guillotine haben die Nazis aus dem Museum geholt, um im Zuchthaus Brandenburg Kommunisten zu töten.[42] In Brandenburg saß Ernst Busch wegen Verbreitung des Kommunismus durch Lieder. Und Erich Honecker wegen Hochverrat. Todgeweihte.

Fritz Cremer hatte eine Sammlung von Totenmasken von hingerichteten Kommunisten, die hielt er heilig, zeigte sie im Buschfilm vor.

In Plötzensee waren es die Fleischerhaken, an denen Kommunisten aufgehängt wurden.[43] In Sachsenhausen waren es die Galgen und die Genickschussanlage, grauenhaft.

Die Fotos hatte ich ihm in Abfolge für den Trick auf dem Tisch in unserem Besprechungszimmer ausgebreitet und war sehr aufgeregt und erwartete, dass er eintrat und sich meine Anrichtung betrachtet und hoffentlich für gut befindet.

Es hat ihm gefallen. Aber er war niemand, der überschwänglich lobte. Er war's zufrieden. Er war kein Lobverschwender, aber er hat erwartet, dass du seine Vorstellungen verstehst, dass du begreifst, worum es geht.

Als ich Geburtstag hatte und 31 Jahre alt wurde, schenkte mir Konrad Wolf eine kleine Grafik von Manfred Butzmann,[44] diesem aufmüpfigen, begnadeten Künstler. Zu sehen ist eine kleine verhuschte Mädchengestalt, scheu, aber präsent und mit Anmut, mit einem kleinen Jungen daneben. Über diese Arbeit von Butzmann, über diese Gabe im Juli 1981 freute ich mich sehr und fühlte mich von Konrad Wolf in meiner Arbeit angenommen.

Diskussionsrunde in der Winsstraße. Konrad Wolf mit den Mitarbeitern des Filmteams, ca. 1981.
Foto: Barbara Köppe.

Das ist sehr schön. Das Motiv hat er für Sie ausgesucht, so hat er Sie gesehen. Und die andere Grafik mit der sitzenden Mädchengestalt, von wem ist die?

Diese Zeichnung ist von Klaus Gräf, er war der Chef vom ADN Zentralbild. Und der sah mich da immer sitzen im Archiv, das war 1982. Ich habe dann auch mit den Fotos vom Ullstein-Scherl-Archiv gearbeitet, das war ja ein gesperrtes Archiv bei ADN. Darin lagerten die Nazi-Fotos aus dem „Dritten Reich". Ich konnte diese Fotos ausleihen, wir haben dann das für uns verwendbare ausgewählt und bei ADN die Repros fertigen lassen.

Auch die Mädchengestalt dieser Zeichnung scheint Ihre Schüchternheit wiederzugeben, so verhuscht.

Ja, verhuscht, das ist der richtige Ausdruck. Ich war eine verhuschte junge Frau und ich erinnere, es war der erste Todestag von Ernst Busch, Juni 1981, als wir uns alle versammelten bei Irene Busch, im Garten am Haus in der Leonhard-Frank-Straße in Berlin Pankow. Und ich stand also da in meinem weißen Kleid, es war das einzige schöne Kleid, das ich hatte, kam immer auf die Leine und wenn etwas Besonderes war, trug ich es. Und der Peter Voigt, der sagte, „Nee, du musst da nicht hinten stehen, komm vor“. Ich aber wollte nie in der ersten Reihe stehen, ich habe mich gefürchtet. Die anderen waren alle so ein bisschen Halbgötter für mich, was die alles wussten ... Das weiße Kleid passe gut zu meinem dunklen langen Haar, meinte Irene Busch und nannte mich fortan „Schneewittchen“. Die Irene Busch war hinreißend liebenswert. Und sie ist ganz schlimm geendet und das hat mir unendlich leidgetan.

Wie war die Arbeitsatmosphäre im Team oder Kollektiv, wie man damals sagte?

Das Kollektiv um Koni Wolf bestand aus Menschen, die alle ihre speziellen Aufgaben hatten und wussten, was zu tun war. Das Ziel: Es waren sechs künstlerische Dokumentarfilme mit den Gesängen von Ernst Busch herzustellen, jeweils ca. 60 Minuten, das ist keine Kleinigkeit. Da mussten alle in eine Richtung blicken, die Konrad Wolf vorgegeben hatte. Der Umgang miteinander war freundlich und kultiviert, keine Kantinenatmosphäre, kein Gerede.

Das Regie-Team lieferte die Ideen für die inhaltliche und künstlerische Gestaltung der Filme. An der praktischen Umsetzung waren alle Gewerke beteiligt. Ich denke, es war für jeden Mitarbeiter ehrenhaft, im Stab um Konrad Wolf zu arbeiten, jeder hat sich da mit ganzer Kraft und Können eingebracht.

Eine solche Filmproduktion kommt nicht aus ohne Produktionsleiter, ohne Aufnahmeleiter, ohne Kraftfahrer, ohne Kamera-Assistenten und Ton-Assistenten. Glücksfälle sind Mitarbeiter in Doppelfunktion: Aufnahmeleiter und zugleich Kraftfahrer, Tonmeister und zugleich Beleuchter, Kamera-Assistenten, die dem Kameramann die Film-Rollen einlegen und die Akkus kontrollieren, aber auch die Ton-Angel mit dem Mikro über die Szenerie halten können, ohne im Bild zu sein.

Es wurde ja noch mit 35-mm-Film gearbeitet, die Filmrolle war eben nur 300 Meter lang, 24 Bilder pro Sekunde, Laufzeit 11 Minuten. Da musste auch sparsam mit dem Material umgegangen werden, der Regisseur musste ziemlich genau wissen, was er wollte. Konrad hat hervorragende Kameraleute für *Busch singt* engagiert. Mit Eberhard Geick[45] hatte er bereits an seinem Erfolgsfilm *Solo Sunny* gearbeitet und wusste um die hohe ästhetische Qualität seiner Aufnahmen. Er vertraute Eberhard Geick, so wie er allen Mitarbeitern vertraute.

Lothar Keil war ein erfahrener, sensibler Kameramann vom Fernsehen, der für alle sechs Filme arbeitete und von den Dreharbeiten in Spanien einzigartige Aufnahmen mitbrachte. Auch die Assistenten waren gut ausgebildete Kameraleute. Die verstanden ihr Fach.

Das Wunderbare war, dass wir alle ganz selbstständig arbeiten konnten. Das Arbeitsergebnis zählte.

Ein Film entsteht eigentlich erst am Schneidetisch unter den kundigen Händen der Schnittmeisterinnen in Zusammenarbeit mit dem Regisseur. Die Schnittmeisterinnen Monika Klein, Evelyn Carow, Ulla Kalisch und ihre Assistentinnen Lotti Brösicke und Valentine Kern hatten die Bänder mit den Gesängen von Busch sozusagen als Grundkonzeption, als Manuskript auf den

Schneidetischen, dazu über 200 Büchsen an Archivmaterial, das Peter Vatter in den Filmarchiven geklammert hatte. Das listeten die Schnittmeisterinnen auf und ordneten es den einzelnen Filmen entsprechend der Thematik zu, um es montieren zu können. Das Prozedere galt ebenso für das neu gedrehte Filmmaterial, für die Sprachaufnahmen, für Trickaufnahmen und Musiken. Ein Riesenberg von Arbeit, den die Zauberinnen der Montage mit ungeheurem Fleiß, mit Sachkenntnis, Geschick und Ausdauer, mit Musikalität und Feingefühl für die Rhythmik und Eigendynamik der Gesänge und der Bilder zu bewältigen hatten. Peter Voigt arbeitete zusammen mit Monika Klein, sie gehörte auch zur DEFA-Gruppe 67. Eine zarte Person, sehr einfühlsam, als Schnittmeisterin perfekt. Peter Voigt sagte immer von ihr „Meine wunderbare Monika". Mit Monika hat er seine Filme *Aurora – Morgenrot* und *Weil der Mensch ein Mensch* ist geschnitten. Die Passage um Konrads Grab im 6. Film, unterlegt mit Ernst Buschs Gesang *Erinnerung an die Marie A.* von Brecht – das hat die Moni allein entworfen und bearbeitet, sehr anrührend.

Der Konrad hat mit Doris Borkmann, mit Evelyn Carow und mit Monika Klein an seinen Filmen gearbeitet. Bisweilen holte er die Regisseure an seinen Schneidetisch und ließ sich beraten. Wenn die Regie-Kollegen Änderungsvorschläge vorbrachten, hat er sich sehr ernsthaft damit befasst. Da war er ein dankbarer Lernender.

Im fünften Teil, *Ein Toter auf Urlaub,* tritt Konrad Wolf als Erzähler auf, ruhig und überlegt, nachdenklich. Wissen Sie, warum dieser Teil so völlig anders konzipiert ist als der dritte?

Meines Wissens konnte Konrad den fünften Film nicht mehr ganz vollenden. Und die Regisseure konnten ihn nicht mehr befragen. Dieser Teil ist sehr anders als die Kompilation im dritten Teil, der ja viel aus Archivmaterial besteht. Im diesem fünften Film folgt Konrad den Lebensspuren des Gefangenen Ernst Busch und setzt seinen eigenen Lebensweg dazu in Bezug: „Genau Januar '43 kam ich nach der Schlacht um Stalingrad 17-jährig zur Roten Armee." Mit dem Kameramann Eberhard Geick zusammen sucht Konrad das fast verschwundene überwachsene Internierungslager Gurs auf,[46] in welchem Busch 1941 bis 1943 inhaftiert war. Er fährt mit dem Kamerateam die Stationen, die Wege, die Gefängnisse ab, wohin Busch nach seiner Flucht aus Gurs von den Gestapo-Chergen verschleppt wurde, bis nach Berlin. In einer Filmsequenz, aufgenommen in der Berliner S-Bahn 1981, spricht Konrad Wolf: „Hier zwischen Jannowitz-Brücke und Alexanderplatz, wo heute Autos parken und jährlich der Berliner Weihnachtsmarkt abgehalten wird, stand vor 1945 ein Backsteinbau, das Polizeipräsidium. Auf der anderen Seite ist das Gebäude des ehemaligen Landgerichts erhalten geblieben. Eine böse Schlucht, durch die die S-Bahn damals fuhr. Hierher wurde Ernst Busch damals gebracht. Nach 10 Jahren Exil sah er seine Stadt wieder, in der er mit seiner Stimme gegen den Faschismus kämpfte, jetzt war er zum Schweigen verurteilt."

Das Besondere an Konrad war natürlich seine Biografie. Kaum ein anderer Regisseur der DEFA hatte eine solche Lebensfahrt hinter sich. Emigrantenkind, junger Soldat der Roten Armee, furchtbare Kriegserlebnisse, am 22. April 1945 zum ersten Stadtkommandanten von Bernau ernannt, das zertrümmerte Berlin, die spannungsgeladene Nachkriegszeit. Seine Hauptthemen waren lebenslang die unerbittliche Abrechnung mit dem Faschismus, der Hass gegen den Krieg, das Bewahren von Geschichte und die Konflikte, Tragödien und Hoffnungen der Menschen in diesem Land beim Aufbau einer neuen humanistischen Gesellschaftsordnung im Frieden. Er hat immer ein und denselben Film gemacht.

„Kämpfen ist gut, doch einer muss auch sein, / Der sie bewahrt, die Landschaft, und im Lied / Sie aufhebt. Auch das Wort will weiterwachsen / Und muss gepflegt sein."[47]

Ich mag diesen Vers von Johannes R. Becher, er hat unbedingt mit Konrad Wolf zu tun. Unvergessen, wie Konrad seinen Film *Ein Toter auf Urlaub* selbst moderiert. Konrad ist im Bild, lehnt am Zaun vor dem Bauernhof, einst Drehort für *Ich war neunzehn*,[48] und erinnert, wie er den blühenden April 1945 als neunzehnjähriger Soldat der Roten Armee erlebte, im Herzen die ungeheure Sehnsucht nach Frieden und Leben. Konrad ist weiterhin im Bild und spricht dann mit Überzeugung und aus tiefster Seele den Satz: „Nie mehr Krieg, nie mehr Faschismus." Nur er konnte das so sagen. Das war herzergreifend für uns als Team, als er uns die Muster vorführte.

Konrad Wolf hat sicher mehr über die politischen Auseinandersetzungen Buschs mit Funktionären der SED in der DDR gewusst, als in den Filmen verarbeitet werden konnte. Haben Sie das gespürt oder wurde darüber diskutiert?

Ja, natürlich wusste Konrad Wolf um die Querelen zwischen Ernst Busch und dem DDR-Parteiapparat, auch alle anderen Regisseure und Mitarbeiter wussten das. Aber Konrad ging es 1980 um ein ehrenhaftes filmisches Denkmal für Busch, poetisch und dokumentarisch. Konrad beschwor mit seiner Chronologie der ersten Hälfte des 20. Jahrhunderts und mit den Gesängen und Lebensspuren von Ernst Busch noch einmal das sozialistische Ideal, wie es einst angelegt war – und verloren ging. Die Diskussion über Buschs Absage an die Partei und an den Zentralrat der FDJ – „Der FDJ-Zentralrat kann mich am Arsch lecken" – wäre für die Filmarbeit kontraproduktiv gewesen.

Das Material über die Kontroversen zwischen Ernst Busch und dem Partei-Apparat war aber vorhanden – in Dokumenten und Tönen. Peter Voigt hat diese Zettel und Notizen für seinen Film *Ich bin Ernst Busch*[49] verwendet, das war im Jahr 2000 zu Buschs 100. Geburtstag. Auf einem dieser Zettel stand: „Ernst Busch und auch nicht der Galilei haben je vor einem Papst gekniet."

Konrad Wolf ist 1982 inmitten seiner Arbeit gestorben. Wie haben Sie diesen Einschnitt erlebt?

Zum Jahreswechsel 1981/82 schenkte ich dem Koni eingedenk der lieben Grafik zu meinem Geburtstag ein Buch, das vom Grafiker Heinz Zander illustriert und sehr schön war. Es hieß *Stille Landfahrten.*[50] Dazu schrieb ich Konrad Wolf, dass ich ihm alles Glück wünsche zum Neuen Jahr und nach der turbulenten Busch-Fahrt etwas Ruhe und eine stille Landfahrt. Neun Wochen später ist er gestorben, am 7. März 1982, 56-jährig. Es war gespenstisch. Da bekam er seine „stille Landfahrt" zum Friedhof der Sozialisten in Berlin-Friedrichsfelde.

Konrads Tod war ein herber Verlust für die Intellektuellen, für die Künstler und für die Politik im Land. Seine Stimme, seine kluge, ruhige Argumentation fehlte in der Öffentlichkeit. Für unser Team aber war es auch ein schmerzhafter atmosphärischer Verlust, wie wir es nannten. Als er fortgehen musste, war die Atmosphäre der Produktivität und der Begeisterung für die Arbeit am Filmzyklus, die Koni uns über die vielen Monate vermittelt hatte, sehr gedämpft und trüb. Konrad war das „Energiezentrum" unseres Teams, seine Dynamik fehlte uns bei der Arbeit an den Filmen, die noch fertiggestellt werden mussten.

Peter Voigt, Erwin Burkert, Ludwig Hoffmann und Doris Borkmann haben zusammen mit den Schnittmeisterinnen Monika Klein, Ulla Kalisch und Evelyn Carow und allen Gewerken den Filmzyklus schließlich vollendet.

Premiere war am 28. November 1982 im Plenarsaal der Akademie der Künste.

Wie hat Sie diese Zeit bei Konrad Wolf persönlich geprägt, was haben Sie auf Ihren weiteren Berufsweg mitgenommen?

Wissen Sie, für *Busch singt* bekamen die Regisseure den Nationalpreis II. Klasse, und die Gewerke kriegten je nachdem einen goldenen Lorbeer oder einen silbernen, es war eine Auszeichnung des Fernsehens der DDR. Ich erhielt einen silbernen. Walter Heynowski[51] hat den Spruch zu dem Lorbeer geprägt: „Sei stolz auf mich, doch denke dran, dass Lorbeer auch verwelken kann.“ *(Lacht).*

Ja, mit der Koni-Erfahrung konnte ich viel anfangen, sonst hätte ich bei Walter Heynowski nicht bestehen können. Das Studio H&S war ja Peter Voigts Arbeitsstelle seit den 70er Jahren, er kehrte nach der Koni-Wolf-Produktion dahin zurück, allerdings zusammen mit mir und meinen Kollegen der DEFA-Gruppe 67, da war das Studio gerade entprivatisiert worden.[52]

Erst nach dem großen Film *Die Generale* (1986) durfte sich das Studio H&S dann wenigstens „Werkstatt H&S“ nennen. Da durfte ich mittun am Montage-Buch für *Die Generale*. Für *Kamerad Krüger* und *Der Mann an der Rampe* (beide 1988/89) übertrug mir Walter Heynowski die Recherche.

In Walter Heynowskis Buch *Zerschossene Jugend*[53] ist neben einer Widmung auch eine Teilantwort auf Ihre Frage, was ich für meinen weiteren Berufsweg übernommen habe: „Carmen Bärwaldt aus unserer Filmwerkstatt besaß durch Bildung und Ausdauer die Fähigkeiten einer sicheren Fährtensucherin für faschistische Hinterlassenschaften im Archivkeller der Vergangenheit.“

In der Werkstatt Heynowski & Scheumann haben Peter Voigt und ich zusammen noch einige Filme machen können. In der Vorbereitung für Peter Voigts Filme *Knabenjahre* (1989), *Metanoia* (1990) und *Wofür starb Dirk Boonstra* (1991), ich war hier Mitautorin, führte ich sämtliche Vorgespräche und erfragte akribisch die Biografien unserer Partner, das waren die Jahrgänge 1926 bis 1933.

Diese Generation hatte mich seit *Knabenjahre* besonders interessiert und mich nicht mehr losgelassen. Lothar Wilfried Berfelde, d. h. Charlotte von Mahlsdorf gehörte genau dieser Generation an, Jahrgang 1928. Die Vita der etwas anderen Zeitzeugin Charlotte und der dornenreiche Weg als Transvestit waren das Besondere. Aber durch die langjährige Filmarbeit kannte ich mich aus im Zeitgeschehen und wusste etwas über Erziehung unterm Hakenkreuz und konnte die richtigen Fragen stellen. Ich wollte Charlotte als Zeitzeugin und politisch wachen Menschen, neben allem gründerzeitlichen Plüsch. So entstand viele Jahre später mein *Sonntagskind*.[54]

Der Regisseur Andres Veiel sagte einst: „Wenn wir die Welt verändern wollen, müssen wir erstmal genauer hingucken." Das genaue Hinschauen habe ich bei Konrad Wolf gelernt und bei Peter Voigt. Die Arbeit in jenem Team hat mich auch den Unterschied zwischen Gut und Böse leichter erkennen lassen und mich vor mancher Niederung in Nachwendezeiten bewahrt. Meine Dankbarkeit gegenüber Konrad Wolf wird nicht ranzig.

Und was bleibt für Sie das Besondere an Konrad Wolf?

Die Akademie der Künste hatte eine kleine Gedenkmedaille geprägt: Konrad Wolf. Kommunist. 1925–1982. Nach 1989 ist der Ehrentitel „Kommunist" zum Schimpfwort mutiert. Aber Konrad Wolf war seiner Zeit mit seinen Visionen von einer friedlichen Welt ohne Hass und Gewalt und ohne Krieg, der uns nach 1989 wieder eingeholt hatte, weit voraus. In meiner Erinnerung lebt er als eine wahrhaft große Persönlichkeit. Seine Bescheidenheit, seine Gewissenhaftigkeit, seine Leidenschaft und die hohe Qualität seiner Filmarbeit, seine Fähigkeit, Menschen für seine Projekte zu begeistern und ein Team zu motivieren für eine gute Sache – das ist einzigartig, das werde ich lebenslang nicht vergessen.

Im Sommer 2005 war eine Ausstellung in der Akademie der Künste zu sehen, *Künstlerarchiv*. Besondere Aufmerksamkeit erhielt das Projekt *Die Zeit der DDR* von Jochen Gerz, bei dem 320 Leser aus einem 800-seitigen Archiv-Buch vor Publikum lasen.

Ich war einer der freiwilligen Leser. Ich saß auf einem Designhocker, ein ganz niedriges Ding, hatte vor mir das dicke gebundene Buch und las aus den Künstlerarchiven und aus den Verwaltungsarchiven bis hin zu den Protokollen der Beratungen in den Sektionen. Das Buch endete in der Wendezeit 1989/1991 mit den Fragen der Akademiemitglieder in Hoffnung und Verzweiflung: „Was wird aus uns?" Die Lesezeit war noch nicht um, ich musste das dickleibige Buch umwenden und von vorne anfangen. Da las ich von den Anfängen der Akademie nach 1945 und womit sich die Ost-Akademie herumschlagen musste. Zuerst mit den Kriegsschäden, es war keine Elektrik da, es gab kein Wasser, es war enorm, was dort an Aufbauarbeit geleistet wurde, um diese Akademie wieder zum Leben zu erwecken. Und dann: Die Regierung ruft die Künstler. Sie kamen aus allen Himmelsrichtungen, aus der Emigration. Im März 1950 wurde die „Deutsche Akademie der Künste" gegründet. Heinrich Mann sollte der erste Akademiepräsident werden. Er ist vor der Rückkehr aus dem Exil gestorben. Arnold Zweig übernahm das hohe Amt.

Meiner Lesung stellte ich diese dreieinhalb Sätze voran: „Ich lese zu Ehren von Konrad Wolf. Er war Präsident der Akademie der Künste von 1965 bis zu seinem Tod 1982. Die Sektionen hatten ihn immer wieder gewählt. Ich hatte das Glück, in seinem Team zu arbeiten bei der Produktion *Busch singt. Sechs Filme über die erste Hälfte des Jahrhunderts*. Eine Filmchronik mit den Gesängen von Ernst Busch. Diese Arbeit war ein Grunderlebnis für mein ganzes Leben."

1 Johanna Schall (*1958), Schauspielerin, Enkelin von Bertolt Brecht und Helene Weigel.

2 Die Bolschewistische Kurkapelle Schwarz-Rot ist eine Band, vornehmlich Blechbläser, 1986 in Berlin (DDR) als Teil einer gegenkulturellen und politischen Untergrundszene gegründet, vgl. https://www.bolschewistischekurkapelle.org/.

3 Peter Voigt (1933–2015), jüngster Regieassistent bei Bertolt Brecht am Berliner Ensemble, ab 1961 Dokumentarfilmregisseur.

4 *Goya*. Spielfilm, DDR, UdSSR. DEFA-Studio für Spielfilme/Lenfilm, 1971. Regie: Konrad Wolf. Literarische Vorlage: Feuchtwanger, Lion: *Goya oder Der arge Weg der Erkenntnis*, Roman.

5 Annelie Thorndike (1925–2012), Andrew Thorndike (1909–1979), Dokumentarfilmregisseure.

6 Klaus Alde (*1930), Regisseur.

7 Peter Vatter, Regisseur.

8 Moser + Rosié Film, Trickfilmstudio, 1968 von Hans Moser und Thomas Rosié in Berlin (DDR) gegründet.

9 Hans-Joachim Funk, Regisseur, Filmproduzent, Produktionschef der DEFA-Gruppe 67.

10 *Arbeiter-Illustrierte-Zeitung (AIZ),* sozialistische Zeitschrift, 1921 von Willi Münzenberg begründet.

11 Bernd Runge, Musik- und Tonregisseur bei VEB Deutsche Schallplatten, betreute über Jahrzehnte die Schallplattenaufnahmen mit Ernst Busch.

12 Irene Busch, geborene Ullrich (1926–2003), Ehefrau von Ernst Busch von 1964 bis zu seinem Tod 1980.

13 Das Wohnhaus Ernst Buschs in der Leonhard-Frank-Str. 11 in Berlin-Pankow wurde nach Buschs Tod 1980 Gedenkstätte. Vor dem Hintergrund von Restitutionsansprüchen eines früheren Besitzers wurde die Gedenkstätte 1992 geschlossen.

14 John Heartfield (eigentlich Joachim Herzfeld, 1891–1968), Meister der politischen Fotomontage.

15 Die Erwähnungen der „Akademie“ in diesem Text beziehen sich auf die 1950 in der DDR als Deutsche Akademie der Künste gegründete Institution. Sie wurde 1974 umbenannt in Akademie der Künste der DDR. Konrad Wolf war deren Präsident von 1965–1982. Ab 1990 trug sie den Namen Akademie der Künste zu Berlin und ging 1993 mit der Akademie der Künste Berlin (West) in die gemeinsame Akademie der Künste über.

16 Peter Schwartzkopff (*1949), Filmproduzent.

17 Gerhard Kiesling (1922–2016) Theater- und Pressefotograf.

18 Arno Fischer (1927–2011) Fotograf, Hochschullehrer.

19 Abraham Pisarek (1901–1983), bedeutender Theaterfotograf.

20 Helga Paris (*1938), Fotografin.

21 Eva Kemlein (1909–2004), Fotografin, Fotojournalistin, Theaterfotografin, fotografierte Ernst und Eva Busch 1946 bei deren Wiedersehen in der Künstlerkolonie Berlin-Wilmersdorf.

22 Eva Busch (1912–2001), Sängerin, mit Ernst Busch 1932–34 verheiratet.

23 Karl von Appen (1900–1981), Bühnenbildner, u. a. beim Berliner Ensemble.

24 Erwin Burkert (1929–2006), Kulturwissenschaftler, Regisseur beim Fernsehen der DDR.

25 Ludwig Hoffmann (1932-1997), Theaterwissenschaftler, wissenschaftlicher Mitarbeiter an der Akademie der Künste der DDR.

26 Reiner Bredemeyer (1929-1995), Komponist, Filmmusiken zu Spiel- u. Dokumentarfilmen.

27 Wolfgang Kohlhaase (1931-2022), Drehbuchautor, Regisseur, Schriftsteller.

28 Doris Borkmann (1935-2017), Regieassistentin, Schnittassistentin, wichtige Co-Regisseurin für Konrad Wolf über viele Jahrzehnte.

29 AdK Konrad-Wolf-Archiv 742.

30 *Solo Sunny*. Spielfilm, DDR 1979. Regie: Konrad Wolf.

31 Konrad Wolf: Kunst und Politik. In: Busch singt. Sechs Filme über die erste Hälfte des 20. Jahrhunderts. Hrsg. von Akademie der Künste der DDR, Fernsehen der DDR, Hauptverwaltung Film des Ministeriums für Kultur. Berlin 1982, S. 78 und S. 79.

32 Ebd., S. 2.

33 *Die Thälmannkolonne*. Text: Gudrun Kabisch. Musik: Paul Dessau. 1937 von Ernst Busch in Spanien verbreitet.

34 *Kuhle Wampe*. Deutschland 1932. Regie: Slatan Dudow. Manuskript: Bertolt Brecht/Ernst Ottwalt. Musik: Hanns Eisler. Ernst Busch als Fritz. Busch singt u. a. das *Solidaritätslied*.

35 Bertolt Brecht: Aus einem Lesebuch für Städtebewohner (8). In: Bertolt Brecht: Gesammelte Werke. Band 9, Gedichte 2. Frankfurt/M. 1967, S. 274.

36 *Lied der Arbeitslosen* (*Stempellied*). Text: David Weber (d. i. Robert Gilbert)/ Musik: Hanns Eisler, 1929. In der Interpretation von Ernst Busch wurde es in der Weimarer Republik äußerst populär.

37 Evelyn Carow (*1931), bedeutende Schnittmeisterin der DEFA, schnitt über 50 DEFA-Filme, u. a. von Konrad Wolf *Ich war neunzehn* (1967) und *Solo Sunny* (1980).

38 Heiner Carow (1929-1997), Regisseur bei der DEFA.

39 Die Winsstraße im Stadtteil Prenzlauer Berg ist bebaut mit Mietskasernen der Gründerzeit, deren stuckverzierte Fassaden als vornehme Vorderhäuser das Straßenbild prägten, samt den zahlreichen Hinterhöfen für das Proletariat des wachsenden Industriezeitalters. Der Bewohner Heinrich Zille fand hier viele seiner Motive. Auch zu DDR-Zeiten wohnten im Wins-Viertel Arbeiter, aber auch Intellektuelle, wie der Philosoph Wolfgang Harich, die Fotografin Helga Paris und der Maler Ronald Paris. Die Winsstraße 42 beherbergte von 1914 bis 1962 ein Kino, später bot sie Räume für die Produktion von Werbefilmen der DDR (*ttt = Tausend Tele-Tips*). Zur Geschichte s. a. Knut Elstermann: Meine Winsstraße, Berlin 2018.

40 Anna Seghers, geborene Annette Reiling, verheiratete Netty Radványi (1900–1983), Schriftstellerin.

41 Hans Grundig (1901-1958), Maler und Grafiker.

42 „Da die NS-Justiz immer mehr Todesurteile aussprach, wurde 1940 eine Hinrichtungsstätte im Zuchthaus eingerichtet. Bis Kriegsende wurden dort 2.032 Gefangene, die vor allem aus politischen Gründen wie ‚Wehrzersetzung' zum Tode verurteilt wurden, mit dem Fallbeil hingerichtet." Vgl. https://www.memorialmuseums.org/denkmaeler/view/801/Gedenkstätte-Zuchthaus-Brandenburg-Görden.

43 „Zwischen 1933 und 1945 wurden im Gefängnis Plötzensee weit über 2.800 Todesurteile vollstreckt, unter anderem an Mitgliedern der Roten Kapelle, Teilnehmern des gescheiterten Umsturzversuchs vom 20. Juli 1944 und an Mitgliedern des Kreisauer Kreises. (...) Ende 1942 wurde in diesem Hinrichtungsschuppen ein Stahlträger eingezogen, an dem acht Opfer gleichzeitig durch Hängen hingerichtet werden konnten. (...) Der Hinrichtungsbalken mit heute fünf statt der damaligen acht Fleischerhaken ist noch vorhanden (...)" Siehe Wikipedia, Stichwort Gedenkstätte Plötzensee.

44 Manfred Butzmann (*1942), Grafiker, Buchillustrator.

45 Eberhard Geick (*1944), Kameramann.

46 Camp de Gurs, Internierungslager nahe dem französischen Ort Gurs nördlich der Pyrenäen. Nach dem Überfall des faschistischen Deutschlands auf Belgien und Frankreich im Mai 1940 wurde Busch als „feindlicher Ausländer" verhaftet und deportiert in die Internierungslager St. Cyprien und Gurs.

47 Johannes R. Becher: Das Holzhaus VI. In: Sinn und Form. [Erstes] Sonderheft Johannes R. Becher, 1951, S. 264.

48 *Ich war neunzehn.* DEFA-Spielfilm DDR, 1967. Regie: Konrad Wolf.

49 *Ich bin Ernst Busch.* Dokumentarfilm, Deutschland 2000. Regie: Peter Voigt.

50 Heinz Zander: Stille Landfahrten. Ein märchenhafter Roman und romantische Geschichten. Rostock 1981.

51 Walter Heynowski (*1927), Drehbuchautor, Regisseur. Gemeinsam mit Gerhard Scheumann produzierten sie in 25 Jahren ca. 70 Dokumentarfilme.

52 1969 Gründung des Heynowski & Scheumann-Studios, kurz „H&S," als von der DEFA unabhängige Künstlergruppe. Nach Kritik von Gerhard Scheumann an der Medienpolitik der DDR wurde dem Studio „H&S" 1982 der selbständige Status entzogen. Das Filmteam produzierte innerhalb des DEFA-Studios weiter, von 1986 bis zu seiner Auflösung 1991 als „Werkstatt H&S".

53 Walter Heynowski: Der Film meines Lebens. Zerschossene Jugend. Berlin 2007.

54 *Sonntagskind.* Erinnerung an Charlotte von Mahlsdorf. Dokumentarfilm. Regie: Carmen Bärwaldt, BRD 2018.

Ernst Busch gibt einen Liederabend zum 25. Jubiläum der Akademie der Künste der DDR am 25. März 1975 im Plenarsaal. Konrad Wolf und Ernst Busch am Mikrofon.

Foto: ADN-ZB Schneider / Christian Kraushaar

„Alle Hoffnungslosigkeit fiel von uns ab …“[1]

von Hans-Eckardt Wenzel

Der fünfte Teil der Film-Serie *Busch singt* trägt den Titel *Ein Toter auf Urlaub*. Er beginnt wie ein Vortrag, eine Rede, ein Statement. Mit Lederjacke und offenem Hemd, Broschüre und Zettel in der Hand werden wir vom Regisseur, vom Ansager auf den Bericht vorbereitet: „Dieser Film handelt in einer Zeit, in der Busch nicht sang. Es war Krieg. Ernst Busch, 40 Jahre alt, lebte als Immigrant in Belgien, ich, 15-jährig, in Moskau.“

Der wortkarge Konrad Wolf bricht in diesem Film sein legendäres Schweigen. Die Geschichte zwingt ihn zu einem Kommentar über seinen vielleicht engsten Weggefährten, seinen stillen Begleiter und Lehrer. Eine Art Testament im Kostüm der Verehrung seines Freundes Ernst Busch. Denn die Geschichte des Sängers ist auch die Geschichte des Regisseurs dieses Films. Es wird die letzte künstlerische Arbeit von Konrad Wolf werden. Die Fertigstellung aller sechs Busch-Filme wird er nicht mehr erleben.

Der Filmanfang gibt sich bescheiden. Er wirkt wie eine Fernsehreportage: „Unsere Wege von West und Ost zurück nach Deutschland haben sich später gekreuzt.“ Wolf legt die Quellen offen; dass er berichten kann, ermöglichten ihm „diese beiden Tonbandkassetten“, die er in die Kamera hält. Er beruft sich auf Geschichten, deren Wahrheit er bezeugen kann „durch Leute, die ihm (Busch) begegnet sind, ihm oder seiner Stimme.“[2] Gestus und Duktus vermeiden das übliche Pathos. Konrad Wolf nähert sich diesem Sänger höchst konzentriert, beinahe zurückhaltend. Busch singt: „Wart auf mich, ich komm zurück … Warte, wenn die andern längst, längst des Wartens müd … Wart auf mich, ich komm zurück! / Ja, – zum Trotz dem Tod, / Der mich hundert-, tausendfach / Tag und Nacht bedroht. / Für die Freiheit meines

Lands / Rings umdröhnt, umblitzt, / Kämpfend fühl ich, wie im Kampf / Mich dein Warten schützt. / Was am Leben mich erhält, Weißt nur du und ich: / Daß du, so wie niemand sonst / Warten kannst auf mich."[3]

Krieg, Faschismus, Exil haben das Leben von Busch und Wolf bestimmt. Wolf, siebzehnjährig, in der Uniform der Roten Armee auf dem Weg vom Kaukasus nach Berlin. Ernst Busch auf seiner Odyssee von Belgien über Frankreich bis in die Internierungslager von Saint-Cyprien und Gurs, zu den Demobilisierten des spanischen Bürgerkriegs. Immer die Hoffnung, dass da jemand wäre, der in der anderen Welt wartet, der dich erwartet, sich auf dein Kommen freut. Die Einsamkeit in diesen Katastrophen taugt nicht als Stoff von Erzählungen oder Legenden. In Zeiten der Niederlagen gilt es, stoisch optimistisch zu bleiben. Ein Revolutionär klagt nicht. Das individuelle Scheitern wird aufgehoben im kollektiven Hoffen. Man kann sich aufeinander verlassen. „Wart auf mich" lässt Platz für die Verwundbarkeit des Einzelnen, für religiöses Hoffen. Das feste Vertrauen Penelopes in Odysseus' Heimkehr ist eine Metapher für den sinnvollen Zusammenhalt einer Welt, die verloren scheint, aber nicht verloren gegeben wird. Eine Freundlichkeit inmitten von Gewalt und Verrat. Ewig wiederholen sich diese antiken Archetypen, die Erfahrungen festschreiben, aus Zeiten, da die Götter noch mit den Menschen sprachen.

Erwartet zu werden, jene „schwache messianische Kraft",[4] auf die sich alle Glückssehnsucht besinnen muss, ist Bedingung für ein Widerstehen gegen das Destruktive der Welt. Die Idee des Christentums nicht anders als die des Kommunismus beharrt auf „Erlösung von den Übeln". Eine Utopie inmitten von Zerstörung. Ernst Busch und Konrad Wolf verstehen sich bedingungslos in dieser Tradition und gläubigen Disziplin. Sie relativieren das persönliche Unglück und stellen sich in den Dienst ihrer Mission. Die eigene Unfreiheit in Kauf nehmend. „Du weißt es, wer gebraucht wird, ist nicht frei ..."[5] Busch singt Wolf *aus der Seele.*

Selbst in jener *Zeit, in der Busch nicht sang*, füllen seine Lieder den Resonanzboden der Erinnerungen, sie klingen nach, ob von einer Schellackplatte oder aus dem Gedächtnis. Apostolische Gesänge einer Weltrevolution, die Anfang des zwanzigsten Jahrhunderts in ihrer Permanenz noch durchaus möglich schien und deren Scheitern, aus Dummheit, Arroganz, Eifer, Gier, Profitsucht, internationalen Interessenlagen und geostrategischem Kalkül, als Bürde auf dem „Gehirne der Lebenden"[6] lastet. Die „exzentrische Bahn" (Hölderlin) des Sängers und Schauspielers Ernst Busch wird in jener Zeitspanne, für die sich Konrad Wolf in dieser Filmerzählung entscheidet, auf eine Probe gestellt. Der Faschismus besetzte Europa. Der Stalinismus zerfetzte die Freiheit. Der spanische Bürgerkrieg war verloren. Die Kommunisten wurden in fast allen Ländern gejagt und nach Deutschland in die Konzentrationslager ausgeliefert. Wolf beginnt seinen Bericht über den Künstler Busch genau in jener Phase des scheinbaren Scheiterns. Ihn interessiert, wie dieser „Tote", der nur einen Urlaubsschein besaß, keine Freistellung, keine Versicherung, wie dieser Held der Wolfschen Welt Skylla und Charybdis übersteht. Er erzählt dies aus einer historischen Siegerposition, von der Illusion getragen, der Sozialismus habe seine „historische Mission" (zumindest in den Ländern der östlichen Hemisphäre) erfüllt und damit bekämen auch die Leiden und Entbehrungen, die dafür nötig waren, im Nachhinein einen höheren Sinn.

Was nun, wenn diese späte Weihe der frühen Leiden wegfällt? Wenn die Gegenwart eine andere geworden ist und ein anderes Verhältnis zur Geschichte beschwört? Was bleibt von den Legenden der Heiligen, wenn die Kirchen verwaisen?

Der historische Umstand, dem der Film seine Entstehung verdankt, jener „real" genannte Sozialismus – eine Sprachkonstruktion, in der bereits Entschuldigung und Verzagtheit mitschwingt, dass die „schwache messianische Kraft" nicht ausreiche – selbst dieses Intermezzo in der Welt-Profit-Geschichte gehört im Moment der Wiederveröffentlichung des Films dem weiten Feld des Scheiterns an. Die „Notbremse“, jene Funktion, die Walter Benjamin der Revolution zuschrieb, hatte versagt, und die Maschine der Gewinner läuft auf vollen Touren, frisst die letzten Reserven der Erde und verwandelt sie in ein ewig expandierendes und zerstörerisches Universum des Profits.

Berauscht von den süßen Klängen des *Entertainments,* von der Anzahl der *Likes* in den sozialen Medien und der Zugehörigkeit zu den Normen der Moden,[7] mag das Leben Ernst Buschs heute für einige lächerlich wirken, ein wenig obskur und *abgefahren.* Solch ein Dokument über den Sänger mit dem Beinamen Barrikaden-Tauber besäße unter marktwirtschaftlichen Zwängen keine Chance mehr auf Realisierung, weil keine Fördergeldstelle und keine Redaktion eines Fernsehsenders auch nur einen Cent zur Verfügung stellen würden, um dem Leben eines revolutionären Künstlers nachzugehen. Das verweist darauf, dass sich die Gegenwart nicht in dieser Geschichte wiedererkennen möchte.[8] Neben dem Denkverbot *Kommunismus*, dem Verlachen utopischen Verlangens, dem Misstrauen in die „schwache messianische Kraft“ derer, die an Brechts Gedanken festhalten: „Ändere die Welt, sie braucht es!“, neben all diesen Gründen gibt es ein anwachsendes Desinteresse an Geschichte, an Utopie, an Biographien von Heiligen. Da gibt es nichts zu lachen! Die Marktgesetze fordern einen aktuellen Tauschwert aller Phänomene, auch der Hoffnung. *Effizienz* und *Sicherheit* statt *Freiheit, Gleichheit, Brüderlichkeit.* Ein Messias wird nicht gebraucht. „Was hier gebraucht wird, ist Hackfleisch.“[9] Der historische Optimismus, den sich die DDR auf die Stirn tätowiert hatte, wandelt sich zu einem Geisterspuk. Das Scheitern in den dreißiger Jahren hat sich bis heute ausgeweitet, breit gemacht in einer auf nichts als Gewinn sich definierenden Welt. Das Scheitern als Grunderfahrung der modernen Menschen? Wenn Konrad Wolf über diese Zeitspanne im Leben von Ernst Busch erzählt, schwingt ein Trotz mit, als wäre *die Sache gerettet*, als hätte der Fortschritt seine Arbeit getan und die Mühen belohnt. Die Unruhe der Unbehausten wäre aufgehoben in der Erinnerung der Behausten. Aber der Film beginnt an einem Ort, der das Scheitern belegt. Wolf steht an jener Stelle, wo sich das Internierungslager Gurs befand. Er fragt die Bewohner nach Erinnerungen, Indizien, Zeichen. Wie ein Archäologe sucht er Spuren. Es sind Spuren einer Geschichte, die man lieber vergessen will. Das Gras, der Wald wachsen darüber. 1939 wird unter der Regierung Daladier auf einem feuchten Grund ein Lager errichtet für politische Flüchtlinge, Kämpfer des Spanischen Bürgerkrieges, später, nach der Besetzung, auch für „feindliche Ausländer" und die Juden Süddeutschlands auf ihrem Weg in die Vernichtungslager. Nur wenige Indizien verweisen noch auf die Existenz dieses Lagers. Der Süden Frankreichs verbirgt eine traurige Geschichte. Namen, klein und bedeutungslos auf den Landkarten: St.-Cyprien, Portbou, Gurs ... Konrad sucht und fragt. Hier saß auch Wolfs Vater, Friedrich, als er den Denunziationen im Moskauer Exil entflohen, im spanischen Freiheitskampf seiner *Mission* folgend, der Untätigkeit und Resignation zu entkommen suchte und schließlich als Staatenloser in Paris gestrandet war, bis die französischen Behörden ihn ins Lager sperrten. Hannah Arendt, Marta Feuchtwanger, Lisa Fittko und Max Lingner saßen dort ein. Ein Stück deutscher Kulturgeschichte ließe sich über dieses Lager schreiben. Der Komponist Eberhard Schmidt organisierte hier mit Lagerkapelle, Chor und Schauspielern am 14. Juli 1939 eine Feier zu Ehren der Großen Französischen Revolution. Friedrich Wolf schrieb seinen *Beaumarchais.* Zeichnungen, Lagerlieder, Erinnerungen, Gedichte – alle verweisen sie auf den Überlebenswillen an diesen unwirtlichen Orten. Die „schwache messianische Kraft" der Internierten ließ sie nach einer Ordnung, nach Widerstand und nach Hoffnung suchen, um der zerstörerischen Kraft vor und hinter dem Stacheldraht trotzen zu können. Konrad Wolfs Film über den Sänger Ernst Busch startet an diesem Ort, nachdem kurz der Weg des Exilierten von Belgien nach Frankreich skizziert wurde, aus einem Zugabteil. Die Räder „rollen für den Sieg der Feinde". Wir hören den *Abschied von Spanien*: „Lebt nun wohl, geliebte Brüder … wenn wir in die Ferne gehen, gehen mit uns doch eure Lieder …" Es geht um die Lieder, um den Sänger dieser Lieder, es geht um die Funktion dieser Lieder in den Momenten der Verzweiflung.

Konrad Wolf versucht sich zum ersten Mal am Dokumentarfilm. Er hat zu Beginn seiner Laufbahn sehr klar geäußert, dass er kein Interesse an dieser Form habe. In seiner letzten großen Arbeit, die viel an Zeit und Kraft fordert, versucht er sich wie zum Trotz an diesem Genre. Warum wollte er keinen Spielfilm über den Sänger drehen? Wäre es nicht vielleicht ein Anschluss an die Erzählung über die ebenfalls auf ihre Art eigensinnige Sängerin Sunny aus *Solo Sunny* gewesen? Oder der Carmela im *Goya*-Film? Eine historische, filmische Erzählung – wäre sie nicht möglich gewesen? Aber Wolf besteht auf den Fakten. Er misstraut der Fiktion. Das Heilige darf nicht verändert, es darf nur interpretiert werden. Es kommt auf die Wahrheit an, soweit sie fassbar ist. Kurz nach dem Tod von Ernst Busch – die letzten Lebensjahre verbrachte er in einer Klinik fast unsichtbar für die Öffentlichkeit –, kurz nach seinem Tod im Juni 1980 plante Wolf einen Nekrolog auf Busch. „Seit einigen Monaten arbeite ich mit Freunden an einer Folge von Fernsehfilmen, in denen durch Lieder, die Ernst Busch gesungen hat, die revolutionären Kämpfe der ersten Hälfte des 20. Jahrhunderts … wie eine tönende Chronik lebendig werden sollen."[10]

Dieses Projekt am Ende des Lebens von Konrad Wolf erscheint wie eine Versicherung der eigenen Haltung. Ernst Busch begleitete das Jahrhundert und seine historischen Verwerfungen in eigenwilliger Parallelität. „Dieser im Januar 1900 geborene Mann hat einmal über sich gesagt: ‚Ich gehe mit dem Jahrhundert.' Damit hatte er auf einfache Weise recht. 1917 war er siebzehn Jahre alt, 1933 – dreiunddreißig, 1945 – fünfundvierzig (...) Wenn wir die Lieder dieses Mannes hören (...), was für ein Bild unserer Epoche wird da vor unseren Augen lebendig: Kleine Gefechte, große Schlachten,

Schicksale einzelner, Taten von vielen, Treue und Standhaftigkeit, Feigheit und Verrat, Niederlagen und Siege (...) Und was spricht nicht alles aus ihm: Liebe und Achtung, Spott und Hohn, Leises und Schrei, Witz wie Trauer, Mahnung wie Appell. Welche völlige Abwesenheit von Fanatismus und Fatalismus. Welche Allgegenwart von Vernunft. Welche Fülle der Themen. Welcher Reichtum der Mittel. Welche Genauigkeit der Haltungen (...) Denkbar ist eine Erzählung von heute aus, dem Bekannten hin bis zum Jahrhundertanfang, zum Unbekannten ...[11]

Die Lebenswege von Busch und Wolf überschneiden sich an vielen Punkten. Ihre erste Arbeit beim Film *Kämpfer*[12] bringt den gestandenen Künstler mit dem Knaben Koni in Moskau zusammen. Dann singen sie gemeinsam im Chor der Karl-Liebknecht-Schule. Am 10. Dezember 1936. „Ja, aber ob ich dort wirklich gesungen habe?! Ernst Busch meinte einmal, wir hätten dort nur zusammen gebrüllt."[13]

Dieses Konzert im Kolonnensaal des Gewerkschaftshauses wird neun Jahre später Ernst Busch auf seinem Weg als befreiter Gefangener des Zuchthauses Brandenburg das Leben retten. Eine sowjetische Streife auf der Straße nach Nauen hielt die Gruppe Befreiter für eine feindliche Einheit, und aus Angst, von versprengten SS-Leuten angegriffen zu werden, hätte man um ein Haar das Feuer eröffnet. Aber sie zögern einen Moment und man kommt ins Gespräch. Busch rezitiert Zeilen auf Russisch, Verse aus dem *Einheitsfrontlied,* um zu beweisen, dass er kein Faschist sei, bis ihn der Soldat erkannte und „Ernsta Busch!" ausrief. Der Soldat war an jenem 10. Dezember im Kolonnensaal in Moskau gewesen. Er erinnerte sich an dieses Konzert, er erinnerte sich an den Sänger. Was mag das für ein Konzert gewesen sein, dass sich ein einfacher Soldat neun Jahre später, nach den Grausamkeiten des Krieges, nach den Entbehrungen daran erinnern kann? Der Soldat, damals ein Halbwüchsiger, was mag er gedacht haben, gefühlt haben, als er Busch singen hörte und sah, dass dies so lange in seinem Gedächtnis verwahrt blieb?

Auch Konrad Wolf erinnert sich fünfunddreißig Jahre später an diesen Augenblick. Sind es die Orte, die unser Gedächtnis beflügeln, auf Erinnerung verweisen und sie entfesseln? Orte vermögen Geschichten aus dem Vergessen zu befreien, sie verbinden uns mit den gegenwärtigen Bedingtheiten und ermöglichen zugleich fiktives Flanieren in den Räumen, die uns im Vergangenen beschützten. Im Kolonnensaal des Moskauer Hauses der Gewerkschaften erlebte Konrad Wolf, erlebte der Soldat, der später die befreiten Häftlinge fast erschossen hätte, den Künstler Busch zum ersten Mal auf der Bühne. Sie spürten seine Energie, seine Kraft. Sie hörten ihn singen. Koni sang mit ihm, und der Soldat, der am 27. April 1945 Ernst Busch auf der Landstraße nach Nauen wiedererkannte, hörte ihnen zu. Gleichen diese Geschichten nicht den Erweckungslegenden? Jene „schwache messianische Kraft", muss sie nicht spürbar gewesen sein für die große Schar der Zuhörer? Seit Juli 1936 kämpften in Spanien die Sozialisten gegen den Putschgeneral Franco. Noch lebte die Hoffnung, die Welt ließe sich zu einer friedlichen, sozial gerechten Ordnung umgestalten. Die großen stalinistischen Säuberungen hatten gerade begonnen und man glaubte noch daran, dass sie bald zurückgenommen, dass sie das Leben nicht grundlegend bestimmen würden, dass die aufrechten Genossen das tödliche Spiel nicht mitspielen würden, dass sie nicht aus Furcht, ein Renegat zu werden, der eigenen Urteilskraft misstrauen und denunzieren würden, dass die Reinheit und Klarheit ihrer Mission nicht in Zweifel gezogen werden müsste ... Dies alles, das Wissen und das Noch-Nicht-Wissen, diese dennoch überbordende Hoffnung mag im Konzert von Ernst Busch einen Augenblick von Glück erzeugt haben, ein Gefühl der Zugehörigkeit zu einer besseren Welt.

Was geschieht mit uns, wenn wir Musik hören? Wenn wir die menschliche Stimme wahrnehmen, jenes Instrument, das nichts zu verstecken vermag, das alle Regungen und Gedanken offenlegt in jedem Ton, jedem Timbre, jeder Melodiephrase? Die Stimme verrät den Sänger vollends: Zweifel, Klarheit, Atemrhythmus, Sanftheit oder Härte – nichts kann versteckt werden, schutzlos werden die tiefen Schichten des Sängers *veröffentlicht*. Das affektierte, forcierte Singen, jene Pose des *Unechten*, die sich zuweilen als *modern* definiert – Hanns Eisler belegte sie mit dem Begriff „Dummheit in der Musik" – versucht nur aus der körperlichen, biologischen Bestimmtheit zu entkommen, sich loszusagen von den Verpflichtungen des Singenden gegenüber seinem Material, gegenüber sich selbst und seinem Publikum. Busch singt ganz der Funktion des Singenden hingegeben. Er hat eine Mission, die ihn von der Eitelkeit der Tenöre fernhält. Es geht nicht um ihn. Es geht um *die Sache*, um die Haltung, den Gestus. Es geht um die Lieder.

Welche sinnstiftende Energie geht vom Gesang der Menschen aus! Die Erfahrungen gemeinsamen Gesanges sind zur Seltenheit geworden für den digital vernetzten Menschen. Sein Musikverbrauch ist enorm und übersteigt die Gewohnheiten vorhergegangener Generationen um ein Vielfaches. Allein die mögliche Dauer der Musik, die auf einem Smartphone gespeichert werden kann, steht in keinem Verhältnis mehr zu unserem biologischen Rhythmus, zu unserer Lebenszeit, zu unseren Möglichkeiten des Verstehens, des Hörens. Ist aber dadurch die musikalische Intelligenz gewachsen? Welche Funktion erfüllt Musik heute? Der gemeinsame Gesang beim Gottesdienst, bei Demonstrationen, unter den Dorflinden oder in den Gesangsvereinen hat einen folkloristischen Beigeschmack bekommen. Ist das gemeinsame Singen vergleichbar mit den Trachten des 19. Jahrhunderts, eine Art folkloristische Absonderlichkeit? Erfährt der Gesang nicht auch eine *Privatisierung* in unserer Gegenwart? Von digitalen Maschinen zu absurder Präzision getrieben, gerät in der Pop-Musik, dem Schlager und dem, was heute als „Volksmusik" gilt, der Mensch mit seinen biologischen Besonderheiten und Beschränkungen immer weiter ins Abseits. Die Manipulation der Gesangsstimme dient einzig der Überwältigung. Dauerbeschallung mit musikalischen Surrogaten gehört zu unserer Gegenwart. Die Stille ist eine verlorene Welt. „Bloß nicht langweilen!"[14] – Welche

Selbstsucht verbirgt sich hinter solchen Programmen? Welche Verdrängung von Wirklichkeit und Traum hat die Musik hier zu leisten! Wie wirken die Lieder Ernst Buschs auf eingefleischte YouTube- und Spotify-Hörer? Sind sie vergleichbar mit den historischen Aufnahmen großer Opernarien der Callas oder Carusos?

Wie viel Wahrheit über den Augenblick des Singens ist in diesen Aufnahmen der Lieder Ernst Buschs enthalten? Das Vorwärtsdrängende, das Welt Herausfordernde, der Duktus der *Freibeuter der Meere* – all dies kommt in den Liedern zur Sprache und verflicht sie mit den irdischen Bedingungen.

Die Einbindung des Liedes in sozialen Kontext geschieht, so ein Gedanke Hanns Eislers, durch das revolutionäre Arbeiter- und Kampflied erstmalig wieder seit Bach und dem rituellen Gebrauch im Gottesdienst. Im barocken Weltverständnis bestand der Sinn von Gestaltungs- und Formungsfähigkeit als Beweis der Güte und Universalität Gottes. Ihn zu loben und zu ehren, gab sich Johann Sebastian Bach die Erschwernisse der Zahlenmystik als Aufgabe. Eisler überträgt dies auf die Einbindung des Kampf- und Arbeiterliedes in den revolutionären Prozess. Auch hier wäre, so sein Gedanke, die Musik nicht nur um ihrer selbst willen in Gebrauch. Ernst Busch ist der Sänger dieser Kultur. „Einmal wird es heißen, / Als ich war verbannt, / Hab ich, dich zu preisen, / Dir ein Lied gesandt.“[15] Konrad Wolf weiß um die Notwendigkeit des Liedes, weil in ihm ein Rest jener „schwachen messianischen Kraft“ beheimatet scheint, wenn die Verhältnisse längst dagegen sprechen und in den Abgrund tanzen.

Hat vielleicht die Folgelosigkeit und zeitliche Limitierung der jüngsten, antikapitalistischen Protestbewegungen auch damit zu tun, dass dieses Aufbegehren keine Lieder an der Seite hatte, die sie begleiten und ihre Sänger zu synchronisieren vermochten? Noch die Anti-Vietnamkriegsproteste waren getragen von *We shall overcome*,[16] jener Ermutigung, trotz aller Niederlagen, weiterzumachen, weiterzukämpfen. Lieder beschworen in allen Bewegungen

Gemeinsamkeiten, über individuelle Launen hinweg, sie verdichten Bewegungen auf ihr Wesentliches. Denn jedes Lied schafft Raum für die Erfahrungen des Einzelnen und abstrahiert zugleich im Sinne einer Gemeinschaft von den Details und Bornierungen. Die Occupy-Bewegung, die in den USA z. B. nach den Krisen des internationalen Finanzsystems ihren Anfang nahm und sich auf alle Metropolen der Welt ausweitete zu einem tausendfachen Protest, sie verschwand mit der gleichen Abruptheit, wie sie entstanden war. Sie hatte keine Lieder. Es gab keine Verwurzelungen des Protestes in den Tiefen der menschlichen Seelen, wo nur die Lieder, wo nur die Musik Einlass finden können. Das Ideologische wirkt temporär und liefert keine metaphysischen Gewissheiten. Aber jedes Aufbegehren, soll es mehr sein als nur eine Laune, ein Affekt, ein *aufflammendes Strohfeuer*, braucht einen Himmel, nach dem es sich sehnen kann, ein Firmament, das mehr verspricht, als im Moment der Empörung formulierbar ist.

Lieder übernehmen in Konrad Wolfs Werk besondere Funktionen. In fast allen Filmen tauchen sie auf. Sie begleiten die Handlung, kommentieren oder verweisen auf Geheimnisse unterhalb der Vorgänge. In *Ich war neunzehn* gibt es eine Szene, die sich ganz dem Lied unterordnet, vom ersten bis zum letzten Ton. Ein am Vortag aus dem Zuchthaus befreiter Kommunist wird an einem kleinen Flecken von einem sowjetischen Militärauto abgesetzt. Er soll dort Bürgermeister werden. Er wäscht sich an der Pumpe des Dorfes. Ein dürrer, alter Mann, gezeichnet von Haft und Hunger. Er steht unbeholfen und allein, niemand beachtet ihn. Misstrauen der Dorfbewohner schlägt ihm entgegen. Die sowjetischen Soldaten verabschieden sich von ihm. Hier soll der Neuanfang beginnen. Ganz unheroisch. Der Alte bittet darum, für ihn noch einmal „das Lied“ zu spielen. Er hatte die Schallplatte im Auto entdeckt. Er sitzt auf dem Koffer, das Auto entfernt sich, lässt ihn zurück, unsicher, noch keine zwei Tage in Freiheit. Es erklingt die Stimme von Ernst Busch mit dem *Lied von der Jara-*

mafront.[17] Dieser klare, offene Gesang, ganz im Dienst von Melodie und Text, fordernd und einschneidend. Das Lied berichtet von einer siegreichen Schlacht der Interbrigaden im spanischen Bürgerkrieg, der dennoch verloren wurde. Es beschwört die Erinnerungen, in denen die Hoffnung noch einmal aufblitzt. Die vergangene Erfahrung, von der jedes Lied erzählt, „füllt gesungen die Gegenwart"[18] und gibt ihr einen Impuls gegen das Vergessen, auch von der Hoffnung getragen, das eigene Tun könnte so geschützt werden. Konrad Wolf behandelt dieses Lied mit fast religiöser Behutsamkeit. Der Traum, den der spanische Bürgerkrieg in Moskau in Wolfs Phantasie beflügelte, die zerstörerische Kraft des Faschismus wäre aufzuhalten, gelangt noch einmal ins Bewusstsein des alten Kommunisten, an diesem unbekannten Ort. Eine Melodie, die lange auf einem Dur-Dreiklang verharrt, ehe sie über die Quinte zur kleinen Terz des Mollakkordes sich befreit. Eine einfache, klare Melodie, deren Kontur eingängig und betörend wirkt. Eine Melodie, die sich merken lässt, wie die eines Volksliedes. Am Ende, nach der letzten Strophe steigt Buschs Stimme in die Tenorlage. Auch die Bach-Choräle enden oft auf diese Weise. Es bleibt ein Dur-Akkord als Schluss, die Auflösung in die Grundtonart des Moll bleibt aus. Hoffnung auf Jenseitiges, letztlich auf Erlösung. Ein Anheizen utopischer Gluten. Das Lied beginnt mit der Aufforderung zum Mitsingen: „Genossen im Graben, singt alle mit! Lasst schweigen die anderen Lieder ..." Ein klarer gestischer Ton, ohne literarische Attitüde. Melancholie, die Erkenntnistugend der Renaissance, hält eine Sehnsucht am Leben, ein Empfinden, das stets wieder über das Gegebene hinausweist, eine Traurigkeit an der Welt im Sinne erträumter Zukunft. Diese Erkenntnis beschwören Lieder. Der Sänger, der dies am genauesten zu gestalten weiß, ist Ernst Busch, der „sang, als sei er für die Geschicke auf unserem Planeten verantwortlich."[19]

Bereits als Student der Moskauer Filmhochschule hatte Konrad Wolf den Plan, eine Charakterstudie mit Episoden aus dem Leben

Buschs zu inszenieren. Busch war für ihn Vorbild, ein Symbol, er fühlte sich verantwortlich, ihn ständig im Gespräch zu halten. Ein Draufgänger, ein eigensinniger Künstler, der seine Person nie über die Kunst stellte, sondern ihr diente. Busch war für viele Autoren und Musiker ein Phänomen. Brecht hatte nach der Rückkehr aus dem Exil seinen ersten Konflikt mit der Staatsmacht der DDR wegen Busch. 1951 erhielten Brecht und der Komponist Paul Dessau von der FDJ den Auftrag, eine Kantate für die 3. Weltfestspiele zu schreiben. In seinem *Herrnburger Bericht*, so der Titel, gibt es eine Einladung an die Jugend der Welt, nach Berlin zu kommen. „Wenn ihr nur kämt / Könnten wir's euch zeigen ... Und das Walter Ulbricht-Stadion / Und der erste Mai / Und wenn Ernst Busch singt: / Wärt ihr nur dabei."[20] Der damalige Kulturverantwortliche der Jugendorganisation, Erich Honecker, wollte den Namen Ernst Buschs nicht in diesem Text. Es hatte eine Kontroverse zwischen Honecker und Busch gegeben. Busch besaß die Lizenz zur Schallplattenherstellung, und der Zentralrat der FDJ forderte von ihm, eine Ausgabe mit allen Nationalhymnen der Gäste der Weltfestspiele herzustellen. Busch weigerte sich, die Hymnen faschistischer Staaten aufzunehmen. Das Notenmaterial stammte zudem aus dem Fundus der Berliner Olympiade von 1936. Die spanische Hymne war die Hymne von Francos Spanien. Busch hatte sie gehört, als die Feinde der Republik triumphierten. Seinen Zorn über diese Geschichtsvergessenheit hat er nicht verborgen gehalten! Honecker verwies auf einen Beschluss des Zentralrates, worauf Busch ihm erwiderte: „Der Zentralrat kann mich mal am Arsch lecken!"[21]

Honecker forderte mit Telegrammen und in Aussprachen Brecht auf, Buschs Namen aus dem Text der Kantate zu tilgen.[22] Brecht ließ nicht locker. Mit List und Ironie kämpfte er um diesen Namen. Er redet in seinem Brief Honecker statt mit „ck" mit zwei „g" an. So einen Honegger gab es wohl, den Schweizer Komponisten des *König David*, aber den meinte Brecht nicht. Brecht bemerkte, dass man ja auch in Goethes Text „Füllest wieder Busch und Tal ..." nicht einfach den „Busch“ tilgen könne. „Das Liedchen wäre mausetot.“ Schließlich werden höhere Stellen in diesen peinlichen Disput einbezogen, und der Name Busch bleibt im Text. Allerdings kommt der *Herrnburger Bericht* nur zu einer internen Aufführung.

Obwohl Honecker und Busch im gleichen Zuchthaus in Brandenburg einsaßen, gestaltete sich ihre Beziehung von Beginn an problematisch. Zum Pfingsttreffen 1950 hatte Busch der FDJ ein paar tausend Schallplatten aus seiner Produktion *Lied der Zeit* geschenkt. Sie sollten an die Teilnehmer verteilt werden. Als Busch mitbekam, dass sie für zwei Mark das Stück verscheuert wurden, ging er zu Honecker und verpasste ihm – der Legende nach – eine Ohrfeige.

Bei einem Besuch in Buschs Verlag *Lied der Zeit* habe ihm der Präsident Wilhelm Pieck beim Verabschieden gesagt: „‚Nicht wahr, Ernst, dass das ZK dich am Arsch lecken kann, das ist dir wohl nur so herausgerutscht …‘ Busch war erbost. Aus dem Zentralrat war hinterrücks das Zentralkomitee geworden. ‚Scheinbar kennt der Zentralrat der FDJ schon nicht mehr den Unterschied zwischen sich und dem Politbüro. Oder wer sonst will durch diese infame Lüge mich zu einem Anarchisten stempeln?‘“[23]

Als Ernst Busch im März 1952 im Rahmen der Parteiüberprüfung zu einem Gespräch beim ZK der SED geladen wird, ist er zunächst der Meinung, dass dieses der Klärung offener Fragen dienen könnte. Doch er wird enttäuscht, seine Fragen bleiben unbeantwortet. Nun verweigert Busch den formalen Abschluss des Überprüfungsvorgangs, bringt das Verfahren zum Stillstand. Die Parteigremien sind verunsichert und legen den Fall Busch ungeklärt zu den Akten. Das Gerücht aber, Busch sei aus der Partei ausgeschlossen worden, macht seitdem die Runde.

Im August 1952 wirft die Staatliche Kommission für Kunstangelegenheiten Ernst Busch Sektierertum, Proletkult und Rechtsopportunismus vor.

Der Kommunist Ernst Busch, heimgekehrt in den „ersten sozialistischen Staat auf deutschem Boden", verschwindet aus der Öffentlichkeit. Seine Arbeiten am *Berliner Ensemble* sowie mit dem Freund Hanns Eisler halten ihn am Leben. Im Rundfunk wurden keine Lieder mehr von Busch gespielt. Seine Platten verschwanden aus den Läden.

Welche historischen Bezugspunkte sollten da relativiert oder vergessen gemacht werden? Im Fall Busch ging es auch darum, an eine revolutionäre Tradition anzuschließen, die durch die zwölf Jahre Faschismus verbannt worden war, noch in der DDR. Das ist auch einer der Impulse für Wolfs letzte Arbeit. Das biographische und künstlerische Material, das mit der Person Ernst Buschs verbunden ist, enthält eine Wahrheit über das Jahrhundert, die nicht in Vergessenheit geraten sollte. In seinem autobiographischen Film *Ich war neunzehn* wird am Neuanfang Deutschlands, nach Faschismus und Krieg, diese Haltung Ernst Buschs quasi als Kassiber in die Zeit zurückgeholt.

Wolf und Busch begegnen sich nach dem Krieg im zerstörten Deutschland. Sie begegnen sich in all den Krisen und Erfolgen, bei den Sitzungen der Akademie der Künste, bei Festveranstaltungen, bei privaten Gelegenheiten. Konrads Vater Friedrich kämpft in den letzten Tagen seines Lebens darum, dass die gegen Ernst Busch erhobenen Vorwürfe und Sanktionen aufgehoben werden. Konrad schreibt speziell für Busch die Rolle des Jovellanos in den *Goya*-Film. Busch wollte nicht, meinte, Wolf solle doch lieber einen Jüngeren nehmen. Busch war sich seiner filmischen Wirkung nicht mehr sicher. Bei einem Bombenangriff in der Haft war er bis zur Unkenntlichkeit verwundet worden, mit Gesichtslähmungen. Die Nazis waren damals sicher, dass dieser Mann niemals wieder werde singen können. Und Busch spielte den Jovellanos.

Die Figur Ernst Busch trägt für Konrad Wolf utopische Züge des Künstlerberufes. Nicht nur individuelle Haltungen, Kunstfertigkeiten und ästhetische Bildung sollen als Kriterium gelten, sondern auch sich in einem historischen und politischen Zusammenhang zu begreifen und mit diesem Spannungsfeld zu leben – das ist das Ansinnen Konrad Wolfs. Seine eigene Biographie als Funktionär und Künstler will er an Buschs Haltung messen.

Und es geht um eine Kunstform, für die sich Konrad Wolf interessierte: das Lied. In der Akademie der Künste, deren Präsident er war, installierte er eine Arbeitsgruppe *Politisches Lied*, stellte eine Dramaturgin ein und ließ Liedmaterial sammeln. Ihm war dieses Genre nah, er brauchte Lieder auch in seinen persönlichen Krisen; sie sind stets ein Triumph des Lebendigen über das Tote, das Erstarrte. Sie machen Erkenntnis durchlässig für nicht formulierbare Wahrheiten, für Ahnungen. Die kleinen Lieder für die großen Schmerzen, wie es Heinrich Heine formuliert hat.

Es gibt Filmaufnahmen aus der Wohnung Konrad Wolfs im Porträtfilm von Gitta Nickel aus dem Jahr 1977. Ein Fest mit Freunden. Es wird gegessen, getrunken und gesungen: vor allem das russische Volkslied *Schwarzer Rabe*, berühmt geworden durch den Film *Tschapajew* von Sergei und Georgi Wassiljew, der im November 1934 in Moskau uraufgeführt wurde. Konrad Wolf hat ihn mehrfach gesehen. Es war nur ein Katzensprung von der Wohnung zum Kino, nur die Straße bis zur Magistrale. *Schwarzer Rabe* ist Konrad Wolfs Lieblingslied, es gleicht einer Hymne. Alle Freunde berichten, dass sie dieses Lied mit ihm gesungen haben. Lieder erlösen uns einen Moment aus der Einsamkeit. Sie stehen für diese Augenblicke bereit, sie bieten uns Schutz, genau so lange, wie ein Lied dauert, so lange vermag es uns aus dem Zeitenlauf herauszusprengen, und in ein weiches, melodienreiches Land zu führen.

Was ein Lied, gesungen von Ernst Busch in den Zeiten des Widerstandes gegen den Faschismus, bedeuten kann, zeigt Wolf an einem kleinen Bericht über das Treffen der Widerstandgruppe Robert Uhrig. In der Esmarchstraße 1 in Berlin im Januar 1943 brachte ein

Genosse Schellackplatten mit Liedern Ernst Buschs mit. Sie hörten sie unter der Bettdecke, abgeschirmt von der Welt, in Gefahr, entdeckt zu werden. Diese Lieder waren Lebensmittel, Bestärkung der eigenen Haltung, des Widerspruchs und der Hoffnung. Die „schwache messianische Kraft“ vermochte es, dass „alle Hoffnungslosigkeit von ihnen abfiel“. Geborgenheit, die man aufgeben musste in der Illegalität, kehrte zurück mit der Stimme Ernst Buschs. „Alle Lieder, und seien ihr Inhalt und ihr Vortrag noch so männlich, sind mütterlich.“[24]

Konrad Wolf stellte den sechs Filmen jenes karge *Busch singt* als Überschrift, als Titel voran, eine Formulierung, die auf zwei Arten betont werden kann; entweder auf der ersten Silbe: *BUSCH singt*, also in dem Sinne: „Er ist es wirklich! ER singt!“ Wie ein Wunder; oder auf der zweiten Silbe *Busch SINGT* – er ist nicht geschlagen, nicht verstummt, er diskutiert nicht, er klagt nicht, *er singt!*

Konrad Wolf braucht diesen Dialog mit seinem Freund Ernst Busch über dessen Tod hinaus. Es ist die Not, die ihn zwingt, damit die Hoffnungslosigkeit entmachtet werden kann, so wie es Heiner Müller formulierte, dass der Dialog mit den Toten nicht abreißen darf, „bis sie herausgeben, was an Zukunft mit ihnen begraben worden ist.“[25]

1 Konrad Wolf u. a.: *Busch singt. Sechs Filme über die erste Hälfte des 20. Jahrhunderts.* Berlin 1982. Zitat aus Teil 5: *Ein Toter auf Urlaub.* Im Bericht über das illegale Abhören von Ernst-Busch-Liedern im Januar 1943 beim Treffpunkt der Widerstandsgruppe Robert Uhrig in Berlin, Esmarchstraße 1.

2 Kommentar von Konrad Wolf im Film, Teil 5: *Ein Toter auf Urlaub.*

3 *Wart auf mich.* Text: Konstantin Simonow. Deutsche Fassung: Klara Blum. Musik: Matwej Blanter.

4 Vgl. Walter Benjamin: Über den Begriff der Geschichte (V). Siehe https://www.textlog.de/benjamin/abhandlungen/ueber-den-begriff-der-geschichte.

5 Bertolt Brecht: Sonett Nr. 19. In: Bertolt Brecht: Gesammelte Werke. Band 9, Gedichte 2, Frankfurt/M. 1967, S. 757.

6 Karl Marx: Der 18. Brumaire des Louis Bonaparte. In: MEGA I, 11, S. 97: „Die Tradition aller todten Geschlechter lastet wie ein Alp auf dem Gehirne der Lebenden."

7 „Die Mode schreibt das Ritual vor, nach dem der Fetisch Ware verehrt sein will." Walter Benjamin: Paris, die Hauptstadt des XIX. Jahrhunderts. III. Grandville oder die Weltausstellungen. Siehe https://www.textlog.de/benjamin/abhandlungen/passagen/grandville-oder-weltausstellungen.

8 „Denn es ist ein unwiederbringliches Bild der Vergangenheit, das mit jeder Gegenwart zu verschwinden droht, die sich nicht als in ihm gemeint erkannte." Walter Benjamin: Über den Begriff der Geschichte (V). Siehe Anm. 4.

9 Bertolt Brecht: Aus einem Lesebuch für Städtebewohner (8). In: Bertolt Brecht: Gesammelte Werke. Band 9, Gedichte 2, Frankfurt/M. 1967, S. 274.

10 Konrad Wolf: Kunst und Politik. In: Busch singt. Sechs Filme über die erste Hälfte des 20. Jahrhunderts. Hrsg. Von Akademie der Künste der DDR, Fernsehen der DDR, Hauptverwaltung Film des Ministeriums für Kultur. Berlin 1982, S. 2.

11 Konrad Wolf: „Aurora. Morgenrot" (Arbeitstitel). Eine Chronik in Liedern von Ernst Busch. *Konzeptionelle Überlegungen, 1980.* Zit. n.: Konrad Wolf: Direkt in Kopf und Herz. Aufzeichnungen, Reden, Interviews. Hrsg. von Anne Renk. Berlin 1989, S. 318.

12 *Kämpfer* (UdSSR 1936). Regie: Gustav von Wangenheim. Darsteller: Alexander Granach, Ernst Busch, Lotte Loebinger, Curt Trepte, Fritz Erpenbeck, Konrad Wolf u. a.

13 Konrad Wolf: Erfahrungen, Haltungen, Taten. Interview für die *Armeerundschau* vom November 1981. Zit. n.: Konrad Wolf: Direkt in Kopf und Herz. Aufzeichnungen, Reden, Interviews. Hrsg. von Anne Renk. Berlin 1989, S. 357.

14 Werbespruch des Senders RBB.

15 Johannes R. Becher: *Deutschland. Heimat, meine Trauer.* Aus: *Neue deutsche Volkslieder.* Musik: Hanns Eisler. Uraufführung am 22. Mai 1950 mit Ernst Busch und dem Jugendchor des Mitteldeutschen Rundfunks unter Hans Sandig sowie Orchestermitgliedern des Berliner Rundfunks.

16 Song von Pete Seeger nach einem traditionellen Kirchenlied.

17 *Am Rio Jarama.* Text: David Martin. Musik: Ernst Busch/Paul Douliez. In der Szene fehlt der Moll-Teil der ersten Strophe. Eine Kürzung erfolgte wahrscheinlich aus rhythmischen Gründen für den Filmablauf.

18 John Berger: Ein Geschenk für Rosa. München 2018.

19 Konrad Wolf: Kunst und Politik. In: Busch singt. Sechs Filme über die erste Hälfte des 20. Jahrhunderts. Hrsg. Von Akademie der Künste der DDR, Fernsehen der DDR, Hauptverwaltung Film des Ministeriums für Kultur. Berlin 1982, S. 2.

20 Kantate *Herrnburger Bericht.* Text: Bertolt Brecht. Musik: Paul Dessau.

21 Aus dem Partei-Überprüfungsprotokoll Ernst Busch vom 6. März 1952. Zit. n. Carola Schramm/Jürgen Elsner: Dichtung und Wahrheit. Die Legendenbildung um Ernst Busch. Band II. Berlin 2006, S. 114 ff.

22 „Lieber Bertolt Brecht! Gleich bei der ersten Besprechung baten wir darum, von einer Nennung Ernst Busch in der Kantate Herrnburger Bericht abzusehen … da wir auch nicht interessiert sind, durch die Arbeit der FDJ Ernst Busch über das bekannte Maß hinaus zu popularisieren. Freundschaft: Erich Honecker“ Zit. n. *Ich bin Ernst Busch.* Dokumentarfilm von Peter Voigt, Deutschland 2000.

23 Ernst Busch, zit. n. ebd.

24 John Berger: Ein Geschenk für Rosa. München 2018.

25 Heiner Müller im Gespräch mit Wolfgang Heise. In: *Theater der Zeit* 2/1988.

Anhang

Lebensdaten von Ernst Busch und Konrad Wolf

Ernst Busch

Geboren 1900 in Kiel. Maschinenschlosser auf der Germania-Werft. Funktionär in der Kieler Arbeiterjugend. Erste Versuche mit Text- und Gedichtvorträgen, Sprachübungen und Schauspielproben. 1918 Teilnahme am Matrosenaufstand in Kiel. Ab 1920 Schauspiel- und Gesangsunterricht. Arbeitslosigkeit. Bis 1927 Engagement u. a. am Stadttheater Kiel. Busch spielt in Opern, klassischen und zeitgenössischen Stücken. Ab 1927 in Berlin. Piscator-Bühne, u. a. in Ernst Tollers *Hoppla, wir leben* und in der *Dreigroschenoper* am Schiffbauerdammtheater. Zahlreiche Auftritte in Kabarett, Rundfunk, Film wie *Kuhle Wampe* (1932). Gesangsvorträge bei politischen Veranstaltungen und Massenkundgebungen, enge Zusammenarbeit und Freundschaft mit Hanns Eisler und Bertolt Brecht. Erste Schallplattenaufnahmen. 1933 Emigration, zunächst in den Niederlanden und Belgien, 1935–1937 in der UdSSR. Konzerte, Schallplattenaufnahmen, Filmarbeit, Radio Komintern. Zwischen 1937 und 1938 in Spanien. Auftritte als Sänger bei den Internationalen Brigaden. Plattenaufnahmen, Herausgabe des Liederbuches *Canciones de las Brigadas Internacionales*. 1938-1940 in Belgien. Rundfunk- und Konzertauftritte, Plattenproduktionen, Theaterarbeit. Im Mai 1940 Verhaftung und Deportation in die Internierungslager St. Cyprien und später Gurs nach Südfrankreich. Auslieferung an die Gestapo und Inhaftierung im Untersuchungsgefängnis Berlin-Moabit. Bei einem Luftangriff erleidet Busch eine schwere Kopfverletzung. Anklage vor dem sog. Volksgerichtshof, Verurteilung zu einer mehrjährigen Haftstrafe. Zuchthaus Brandenburg. 27. April 1945 Befreiung durch die Rote Armee. Nach 1945 erneute Zusammenarbeit mit Eisler und Brecht, Theaterauftritte am Berliner Ensemble und am Deutschen Theater, Berlin. Busch wird Geschäftsführer der Schallplattenfirma *Lied der Zeit*, gründet die Label AMIGA und ETERNA, nimmt alte und neue Lieder auf Platten auf. 1950 ordentliches Mitglied der Deutschen Akademie der Künste. Konflikte mit der SED und Rückzug als Sänger. Bis 1961 erfolgreicher Theaterschauspieler. Zwischen 1963 und 1977 Aufnahmen für die *Chronik in Liedern, Balladen und Kantaten aus der ersten Hälfte des 20. Jahrhunderts.* 1964 Heirat mit Irene Ullrich, Geburt des Sohns Ullrich. 1971 letzte Filmrolle in Konrad Wolfs *Goya*. 1977 erkrankt Busch und stirbt am 8. Juni 1980 in Bernburg.

Konrad Wolf

Geboren 1925 in Hechingen, Sohn des Schriftstellers Friedrich Wolf, Bruder von Markus Wolf. 1933 Emigration der Familie, bis 1945 in Moskau. Sowjetische Staatsangehörigkeit. Angehöriger der Roten Armee, deren Vormarsch auf Berlin Wolf im Alter von 19 Jahren miterlebt. Studium an der Moskauer Filmhochschule in den Jahren 1949 bis 1955, Schüler von Michail Romm und Sergej Gerassimow. Rückkehr in die DDR. 1951 Regie-Assistent bei Joris Ivens, 1953 Praktikum bei Kurt Maetzig. Danach Arbeit als Regisseur bei der DEFA. Langjährige Zusammenarbeit mit dem Kameramann Werner Bergmann und dem Drehbuchautor Wolfgang Kohlhaase. Regisseur herausragender DEFA-Produktionen wie *Sonnensucher* (1958), *Sterne* (1959), *Professor Mamlock* (1961), *Der geteilte Himmel* (1964), *Ich war neunzehn* (1968) und *Solo Sunny* (1980). Von 1955 bis 1960 verheiratet mit der Kostümbildnerin Annegret Reuter. Von 1960 bis 1978 verheiratet mit der Schauspielerin Christel Bodenstein. Insgesamt drei Kinder. Von 1965 bis 1982 Präsident der Akademie der Künste der DDR. Während der Arbeit am Projekt *Busch singt* verstirbt Wolf im Alter von nur 56 Jahren am 7. März 1982 in Berlin.

Filmographische und bibliographische Angaben zu Ernst Busch und Konrad Wolf (eine Auswahl)

I. Ernst Busch

1. Ernst Busch im Film

Wenn nicht anders angegeben, ist das Produktionsland Deutschland.

Katharina Knie (1929). Regie: Karl Grune

Die 3-Groschen-Oper/Die Dreigroschenoper (1931). Regie: G. W. Pabst

Gassenhauer (1931). Regie: Lupu Pick

Das Lied vom Leben (1931).* Regie: Alexis Granowsky

Kameradschaft (Deutschland/Frankreich 1931). Regie: G. W. Pabst

Die Koffer des Herrn O. F. (1931).* Regie: Alexis Granowsky

Niemandsland (1931). Regie: Victor Trivas

Razzia in St. Pauli (1932).* Regie: Werner Hochbaum

Kuhle Wampe (1932). Regie: Slatan Dudow

Strafsache van Geldern (1932). Regie: Willi Wolff

Die Zwei vom Südexpress (1932). Regie: Robert Wohlmuth

Eine von uns (1932). Regie: Johannes Meyer

Das Meer ruft (1932). Regie: Hans Hinrich

Dood Water (Holland/1934).* Regie: Gerard Rutten

Kämpfer (UdSSR/1936).** Regie: Gustav von Wangenheim

Lied der Ströme (DDR/1954).*** Regie: Joris Ivens

Mutter Courage und ihre Kinder (Berliner Ensemble/1960). Regie: Manfred Wekwerth/Peter Palitzsch

Goya – oder Der arge Weg der Erkenntnis (DDR/UdSSR 1971). Regie: Konrad Wolf

* Busch singt Lieder aus dem Off

** Busch spielt hier den Amtsrichter Siewert und der 11-jährige Konrad Wolf die Figur des Heini

*** Ernst Busch und Paul Robeson singen das *Lied der Ströme* (M: Dimitri Schostakowitsch, T: Bertolt Brecht)

2. Dokumentationen zu Ernst Busch

Der Barrikadentauber (DDR/1967). Regie: Erwin Burkert

Vorwärts die Zeit (DDR/1967). Regie: Karl Gass

Ernst Busch – Ein Porträt (WDR/1970). Regie: Dieter Hens

Ernst Busch – Jahre, Kampf, Lied (UdSSR/1973). Regie: Jekaterina Lukina

Ich bin kein Herr. Busch in Kiel 1900-1924 (NDR/1976/77). Regie: Karl Siebig

Vergesst es nie, wie es begann (ZDF/1978). Regie: Karl Siebig

„Sådan gik min tid på jorden" – Ernst Busch og hans århundrede (Dänisches Fernsehen/1976) (dt. „So verging meine Zeit, die auf Erden mir gegeben war" – Ernst Busch und sein Jahrhundert). Regie: Hans Christian Nørregaard

Ernst Busch zum 80. Geburtstag. Ernst Busch am 22. Januar 1970 im Gespräch mit Freunden und Gesang in der Akademie der Künste (DDR/1980). Regie: Erwin Burkert

Ernst Busch. Arbeiter – Sänger (DDR/1980). Regie: Erwin Burkert

Busch singt. Sechs Filme über die erste Hälfte des 20. Jahrhunderts (1981/1982)
Künstlerische Leitung: Konrad Wolf.
Teil 1: *Aurora – Morgenrot.*
Teil 2: *Nur auf die Minute kommt es an.*
Teil 3: *1935 oder das Faß der Pandora.*
Teil 4: *In Spanien.*
Teil 5: *Ein Toter auf Urlaub.*
Teil 6: *Und weil der Mensch ein Mensch ist.*
Deutscher Fernsehfunk DFF in Zusammenarbeit mit der DEFA-Gruppe 67 und der Akademie der Künste der DDR. Regie: Reiner Bredemeyer, Erwin Burkert, Ludwig Hoffmann, Peter Voigt, Konrad Wolf

Ich bin Ernst Busch (2000). Regie: Peter Voigt

3. Bücher über Ernst Busch

Ludwig Hoffmann/Karl Siebig: *Ernst Busch. Eine Biographie in Texten, Bildern und Dokumenten.* Berlin (DDR) 1987.

Freundeskreis Ernst Busch (Hrsg.): *Nachdenken über Ernst Busch. Sechs Gespräche mit Bewunderern, Freunden und Kollegen. Januar 1996–Juni 1999.* Berlin 2000.

Freundeskreis Ernst Busch (Hrsg.): *Ernst Busch – Schauspieler und Sänger.*

Materialien des Internationalen Wissenschaftlich-Künstlerischen Kolloquiums anlässlich des 100. Geburtstages Ernst Buschs am 22. Januar 2000. Berlin 2003.

Carola Schramm/Jürgen Elsner: *Dichtung und Wahrheit – die Legendenbildung um Ernst Busch.* Berlin 2006.

Jochen Voit: Er rührte an den Schlaf der Welt. Ernst Busch. Die Biografie. Berlin 2010.

4. Diskographie

Ben Leenders/Bernd Meyer-Rähnitz: *Der phonographische Ernst Busch.*

Eine Discographie seiner Sprach- und Gesangsaufnahmen. Dresden/Ústi nad Labem 2005. Nachträge unter www.albis-international.de.

Eine CD-Diskographie finden Sie unter www.ernst-busch.org

II. Konrad Wolf

1. Filme von Konrad Wolf als Regisseur

Wenn nicht anders angegeben, handelt es ich um Produktionen der DEFA.

Einmal ist keinmal (1955)

Genesung (1955)

Lissy (1957)

Sonnensucher (1958)

Sterne (DEFA/Studio für Spielfilme, Sofia 1959)

Leute mit Flügeln (1960)

Professor Mamlock (1960/61)

Der geteilte Himmel (1964)

Der kleine Prinz (1966)

Ich war neunzehn (1967)

Goya – oder Der arge Weg der Erkenntnis (DDR/UdSSR 1971)

Der nackte Mann auf dem Sportplatz (1973)

Mama, ich lebe (1976)

Solo Sunny (1978/79)

Busch singt. Sechs Filme über die erste Hälfte des 20. Jahrhunderts (1981/1982)
Künstlerische Leitung: Konrad Wolf.
Teil 1: *Aurora – Morgenrot.*
Teil 2: *Nur auf die Minute kommt es an.*
Teil 3: *1935 oder das Faß der Pandora.*
Teil 4: *In Spanien.*

Teil 5: *Ein Toter auf Urlaub.*
Teil 6: *Und weil der Mensch ein Mensch ist.*
Deutscher Fernsehfunk DFF in Zusammenarbeit mit der DEFA-Gruppe 67 und der Akademie der Künste der DDR. Regie: Reiner Bredemeyer, Erwin Burkert, Ludwig Hoffmann, Peter Voigt, Konrad Wolf

2. Filme über Konrad Wolf

Konrad Wolf (DDR/1977). Regie: Gitta Nickel

Die Zeit die bleibt. Ein Film über Konrad Wolf (DDR/1985). Regie: Lew Hohmann

Verzeiht, dass ich ein Mensch bin. Friedrich Wolf. Fragen an seine Kinder. Erinnerungen von Zeitgenossen (DDR/1988). Regie: Lew Hohmann

3. Bücher über Konrad Wolf

Klaus Wischnewski/Barbara Köppe: *Konrad Wolf. Selbstzeugnisse, Fotos, Dokumente.* Berlin 1985.

Wolfgang Jacobsen/Rolf Aurich: *Der Sonnensucher – Konrad Wolf.* Berlin 2005.

Antje Vollmer/Hans-Eckardt Wenzel: *Konrad Wolf. Chronist im Jahrhundert der Extreme.* Berlin 2019.

Quellen und detailliertere Angaben

DEFA-Stiftung, www.filmportal.de

Autoren

Carmen Bärwaldt, geboren 1950 in Berlin, Studium der Kulturwissenschaften und Germanistik, Diplom 1973. Mit Dokumentarfilm zu deutscher Geschichte befasst seit 1978 als Regieassistentin, Dramaturgin, Sprecherin, Filmredakteurin, Regisseurin. Regieassistentin der *DEFA-Gruppe 67* bei Annelie und Andrew Thorndike. Regieassistenz bei Konrad Wolf für *Busch singt.* Filmarbeit mit Peter Voigt im Studio Heynowski&Scheumann, Filmredakteurin bis 1991. Nach Auflösung der DEFA kulturelle Projekte und eigene Regiearbeiten. 2018 erster Langmetragefilm *Sonntagskind,* 2021 *Kunst und Erinnern.* Carmen Bärwaldt wohnt in Berlin.

Michael Rieger, geboren 1972 in Paderborn, Studium der Germanistik, Neueren Geschichte und Politischen Wissenschaften, M. A., literaturhistorische Promotion, Lehrbeauftragter an der Universität Hamburg (2008–2016), zahlreiche Essays und Portraits zu den Bereichen Literatur, Philosophie, Politik, Musik, Film, u. a. *»Man reist ja nicht, um anzukommen …«. Schriftsteller auf Reisen von Goethe bis Chatwin* (2011). Verlagslektor. Michael Rieger wohnt in Hamburg.

Jürgen Schebera, geboren 1940 in Gablonz (Jablonec), Literatur- und Musikhistoriker, bis 1990 wissenschaftlicher Mitarbeiter am Zentralinstitut für Literaturgeschichte der Akademie der Wissenschaften der DDR. Promotion zum Dr. phil. Zahlreiche Buchveröffentlichungen zur Kunst- und Kulturgeschichte der Weimarer Republik, zum Exil während des Dritten Reiches sowie zu den Komponisten Hanns Eisler und Kurt Weill. Er war 1982 an dem gleichnamigen Beiheft zum Film *Busch singt* beteiligt. Im Rahmen der Hanns Eisler Gesamtausgabe arbeitet Jürgen Schebera derzeit am vierten und letzten Band der Briefe Hanns Eislers (1957–1962). Jürgen Schebera wohnt in Berlin.

Carola Schramm, geboren 1959 in Wolfen, Musikwissenschaftlerin. Promotion mit einer Arbeit zur demokratischen Musikkultur in der Weimarer Republik. Intensive Beschäftigung mit dem Leben und Schaffen des Sängers und Schauspielers Ernst Busch, Publikationen. Mitautorin von *Dichtung und Wahrheit. Die Legendenbildung um Ernst Busch* (2006). Gründungsmitglied und Präsidentin der Ernst Busch-Gesellschaft e. V., Berlin. Carola Schramm wohnt in Berlin.

Hans-Eckardt Wenzel, geboren 1955 in Kropstädt bei Wittenberg, Musiker, Sänger, Komponist, Poet, Regisseur und Autor. Seit 1986 zahlreiche Veröffentlichungen von Schallplatten und CDs. Für *Hanswurst und andere arme Würste,* eine *Hanns-Eisler-Collage,* erhielt er 2001 den Preis der deutschen Schallplattenkritik. Gemeinsam mit Antje Vollmer erschien 2015 *Hinter den Bildern die Welt. Die untergegangene Bundesrepublik in den Filmen von Rainer Werner Fassbinder – Ein Briefwechsel* und 2019 *Konrad Wolf. Chronist im Jahrhundert der Extreme.* Über ihn produzierte Lew Hohmann 2022 den Dokumentarfilm *Wenzel – Glaubt nie, was ich singe.* Hans-Eckardt Wenzel wohnt in Berlin und in Kamp.

Abbildungen

Titelfoto:	Porträt Ernst Busch / 1974, Foto: Evelyn Richter, Privatarchiv Fam. Richter
Foto Seite 17:	Akademie der Künste, Berlin, Konrad-Wolf-Archiv, Nr. 879
Foto Seite 36:	Privatarchiv Carmen Bärwaldt
Foto Seite 63:	Akademie der Künste, Berlin, Konrad-Wolf-Archiv, Nr. 1996
Foto Seite 78:	Akademie der Künste, Berlin, Konrad-Wolf-Archiv, Nr. 878

„Busch singt“ (Kinofassung)

Sonstiger Titel:	1935 oder das Faß der Pandora (Teil 1) Ein Toter auf Urlaub (Teil 2)
Produktionsland:	Deutsche Demokratische Republik
Produktion:	Akademie der Künste DEFA-Gruppe Siebenundsechzig Fernsehen der DDR
Filmart:	Dokumentarfilm
Herstellungsjahr:	1982
Projektleitung:	Reiner Bredemeyer Erwin Burkert Ludwig Hoffmann, Peter Voigt Konrad Wolf (Idee und künstlerische Leitung)
Regie:	Konrad Wolf
Assistenz:	Doris Borkmann
Kamera:	Eberhard Geick Lothar Keil
Schnitt:	Evelyn Carow Monika Klein
Ton:	Harry Hapke Werner Klein Bernd Runge Wilfried Rübe
Trickgestaltung:	Hans Moser Thomas Rosié

Regieassistenz und Recherchen:	Carmen Bärwaldt Peter Vatter
Aufnahmeleitung:	Jürgen Draheim Reinhard Schrade
Produktionsleitung:	Peter Schwartzkopff
Produktion:	Hans-Joachim Funk
Musik:	Ernst Busch (Originalaufnahmen)
Laufzeit:	124 min
Farbe:	fa / sw

Digitalisiert mit Mitteln von

FÖRDERPROGRAMM FILMERBE
FINANZIERT DURCH BKM, LÄNDER UND FFA